U0591605

嶺南史料筆記叢刊

宧湖筆談

［清］黃景治 著

吳建新 點校

廣東人民出版社

·廣州·

圖書在版編目（CIP）數據

定湖筆談／（清）黄景治著；吳建新點校. —廣州：廣東人民出版社，2023.12

（嶺南史料筆記叢刊）

ISBN 978-7-218-17199-9

Ⅰ．①定…　Ⅱ．①黄…　②吳…　Ⅲ．①筆記—中國—清代—選集②地方史—史料—廣東—清代　Ⅳ．①K249.066　②K296.5

中國國家版本館 CIP 數據核字（2023）第 248503 號

Dinghu Bitan

定湖筆談

[清] 黄景治　著　吳建新　點校

出 版 人：肖風華

叢書策劃：夏素玲
責任編輯：饒栩元
責任技編：吳彦斌
封面題字：戴新偉
封面設計：Amber Design 琥珀視覺

出版發行　廣東人民出版社
地　　　址：廣州市越秀區大沙頭四馬路 10 號（郵政編碼：510199）
電　　　話：(020) 85716809（總編室）
傳　　　真：(020) 83289585
網　　　址：http://www.gdpph.com
印　　　刷：恒美印務（廣州）有限公司
開　　　本：889mm×1194mm　1/32
印　　　張：3.375　字　　數：67.3 千
版　　　次：2023 年 12 月第 1 版
印　　　次：2023 年 12 月第 1 次印刷
定　　　價：68.00 元

如發現印裝質量問題，影響閱讀，請與出版社（020-85716849）聯繫調換。
售書熱綫：(020) 87716172

《嶺南史料筆記叢刊》凡例

一、"嶺南史料筆記"是與嶺南這一特定區域有關的筆記體著作，隨筆記録、不拘體例，是了解和研究嶺南地區歷史文化的珍貴資料，能補史之闕、糾史之偏、正史之訛。

二、《嶺南史料筆記叢刊》（以下簡稱《叢刊》）收録之"嶺南史料筆記"，包括歷史瑣聞類、民俗風物類、搜奇志異類、典章制度類，不收今人稱爲小説的單篇傳奇及傳奇集，包含嶺南籍人所撰史料筆記及描寫嶺南地域之史料筆記。

三、筆記創作時間以 1912 年以前爲主，兼收民國時期有價值的作品。

四、《叢刊》採用繁體橫排的形式排版印刷。

五、整理方式以點校爲主，可作簡要注釋。

六、整理用字，凡涉及地名、人名、術語等專有名詞之俗字、生僻字，儘量改爲常見的繁體字；對一字異體也儘可能加以統一。每種圖書在不與叢書用字總則衝突的情況下，可根據實際情況而定。

七、凡脱、衍、訛、倒確有實據者，均作校勘，以注腳形式出校記。未有確據者，則數説並存；脱字未確者，以□代之。

八、《叢刊》避免濫注而務簡要，凡涉及嶺南地域特色之風物，可以注腳形式下注；爲外地人士所不明者，酌加注釋。

九、《叢刊》暫定收録一百多種，分爲若干册，每個品種單獨成册，體量小者可酌情結合成册。每册均有前言，介紹撰者、交代版本、評述筆記内容和價值；書後可附撰者傳記、年譜、軼事輯録、索引，及相關文獻資料。

《定湖筆談》書影

文莫古於經而墨守一經者箋疏也非文也必窮經博
史而竊取史裁者紀載也非文也則一切捐棄自具卓
歲月而竊擷其菁華迫涉筆爲文則一切捐棄自具卓
識運以精思復有灝氣盤礴於其間顛挫抑揚自成規
軸夫乃可以獨名一家遠追千古含是而徒沾沾焉爲規
摹格調漢魏飾辭華岸然自命曰吾之爲文三唐也兩宋
也其亦韓柳之芻蕘歐蘇之糟粕而已矣吾友定湖黄
子幼而好學壯而好游年踰古稀息影蓬廬以翰墨爲
娛老具舉平生閱歷之所及自家庭交際以至事實間

定湖筆談
卷首序
一

見一名一物之微意有所得即走筆書之長篇短牘恣
有真意貫注其中讀之時覺古大家神韻恍
遇於行墨之外不期於師古而自與古會若是者庶
可繼前賢之著述登其堂而嚌參之太史以著其淵
之書以求其質本之詩以求其恆參之太史以著其淵
古人之爲文未有不根源經史以抒其心得者定湖寶
識超俊沉酣六籍寖饋百家探索數十年食古而化故
其取于心而注于手獨能遺貌取神不蹈箋疏之習不
沿紀載之詞由是文以載道醇而肆焉取其實而去其
名以斯至於古之立言者所謂根之茂者其實遂余故

定湖筆談卷上

南海黄景治艮輔撰

男　敏修
婿　何延璋　仝校

定湖筆談
卷上
自序
一

余少疎懶傲脫當諸生未幾遂棄舉子業投筆與人挺
刀顧自媿爲升斗計險阻勞瘁不辭涉彭蠡浮洞庭
大洋乘風破萬里浪歷楚吳越鄘魯燕趙諸大
都邑其遺蹟一一心焉識之絕未遍覽名山大川亦嘗
恣遊騁稱快意焉竊欲於桑蔴暮境時摭拾前事以備
參考然家累日深故有志而未逮今七十有餘矣近者
小者尚不克抒所見況其遠大者平歲甲申臘半失
特居蔞哀痛慘怛何眼及語言文字惟先人二善事
不忍泯沒無傳圖揣固陋誌諸篇章庶無忝舊德嗣是
間有所作以舒憤悶心之所觸目之所存泪汨焉發於
筆端文之工拙弗較也數月積漸成帙率爾之作多恐
雜而不醇豈足付諸剞劂可吾文者樂吾爲之此中或
有妙契存焉非徒作諛諧游戲觀也因書之以冠篇首

《定湖筆談》書影

目　録

前　言

　　《定湖筆談》（下簡稱《筆談》），凡上下兩卷，南海人黃景治撰。黃景治，字良輔，號定湖先生，也稱湛塘先生。同治年間和宣統年間修纂的《南海縣志》都沒有他的傳記。這兩種方志的《藝文略》也沒有著錄這本書。現在的整理本底本是根據《廣州大典》收錄的華南農業大學圖書館藏的孤本，爲黃景治之子敏修、婿何廷璋同校，清道光六年刻本。書名《定湖筆談》由當時有"文怪"之稱的南海文人劉華東書寫。

　　關於黃的生平，據《筆談》中收錄黃所撰《先府君隱齋公暨胡太安人事略》一文記載，黃母歿於道光甲申年，時年93歲，而黃當時是72歲，道光甲申年即公元1824年，倒推黃氏生於乾隆十八年（1753）。黃景治卒年待考。他居住在廣州城南海捕屬，祖籍是福建。大約是在康熙朝後期，他的父親從福建遷來廣州，先後生下他們兄弟八人。黃景治説，他父親是個懂得中醫的人，"善炮製藥物，有可濟世者無不備，遠近求者甚衆"，曾有人爲他父親獻上一個醫治婦女難産的藥方。他父親是一個有點名望的人。黃景治記載，他父親尤其敬重城隍神，每到禮神的朔望之時必去禮拜，曾經參與修建城隍廟的事。他兄弟八人都好讀書，坊間傳爲"黃氏八駿"。（《筆談》卷下"先府君隱齋公暨胡太安人事略"條）

　　黃景治是生員，也擅書法，他筆法研學董其昌，當時廣州城好書法者都收藏他的墨寶。書法對科舉很重要，但黃景治幾次科舉不中，就不願意走科舉的路子。他在《筆談》中針砭八股文的時弊："諺語以八股取科名，謂之敲門磚，門闢則磚棄，比擬甚切。余嘗敲而再，再而三四，竟罔聞。然力已懈，不俟門啟，而磚亦遂棄之矣。豈司閽者屢聽之不聰乎？或余力未至，雖敲猶寂也。古言文章報國，此中原有至性存焉。若門闢磚棄，報國具又安在哉？"（《筆談》卷上"雜説"條）這種言論説明黃氏對八股之弊端有所認識，他也最終捨棄科舉業而另謀生計。

　　這種情況在明清兩代的廣州府知識分子群中很常見。同治《南海縣志》述從明代後期始，廣州府知識分子棄科舉業另謀他事成爲一種風氣。黃景治自叙："當諸生未幾，遂棄舉子業，投筆與人捉刀，頗自愧。爲升斗計，險阻勞瘁不辭。涉彭蠡，浮洞庭，駕大洋，乘風破萬里浪，歷塊者閩、楚、吳越、鄒魯、燕趙諸大邑，其遺迹一一心焉識之。"(《筆談》卷上"自序")"與人捉刀",是爲他人代筆寫文章,他因此有機會走南闖北,增廣見識。

大約在他五十歲時,黄氏不再爲人捉刀,就常與廣州城中的士大夫交游。他很善談,將他游歷所見所聞説給别人聽。士子們都願意聽他講,還有的士子聞其名,座中見其滔滔不絶,始識其人。如蔡超群爲《筆談》作序,就提到了這件事。與士大夫游,必須能詩。黄氏雖然没有詩集傳世,他作詩的本事是有的。著名詩人謝蘭生曾與他同在府學中爲諸生,兩人的關係很密切。能與謝蘭生、黎簡、吳應逵、梁序鏞等著名詩人交游,黄氏的詩歌水準不會低。如《筆談》卷上"題梁竹浦小照詩後"條,黄景治記載梁竹浦是其情誼最深的朋友,他將二人感情以子期與伯牙相比。道光四年(1824),梁竹浦的兒子拿其父親的畫來求黄題詩。黄景治雖稱己"年已邁,且病憊,以思索爲勞,一是酬應悉却之",但他還是寫了四言古體詩六十四字題於畫面上。他將与梁之情誼以詩歌的形式表達出來,感情很真切。

黄氏到了古稀之年,兩耳失聰,不能與人交談,於是有心將昔日所見所聞所思寫成一本書。每寫成一條記載,就給他的朋友看。詩人謝蘭生的序言説:"每一篇成,輒攜示余,相與共讀稱快。"文献學家吳應逵在閱讀了《筆談》後稱此書乃"達名理也,述舊德也,體物情也,維風俗也。大抵游戲者十之一,勸懲者十之九"。(《筆談》吳應逵序)説明黄氏是通過叙述一些事情、闡述一些道理，以達到勸懲的作用。而"游戲者十之一"也可見書中的一些内容爲游戲之作。

梁序鏞，南海鹽步人，嘉慶進士，作《佛山賦》，文筆瑰麗。他給《筆談》作序，稱不能排斥稗官野史，謂黃氏善談，晚年所作短文，"核其旨要，言依乎道，文生於情，橄欖之味也回，蜿蜒之致也曲"。

黃景治晚年自號"阿魏子"。他將自己這個號告訴士大夫之流，得到他們的贊許。黃景治持《筆談》到吳應逵處請序，吳應逵序言"先生自號阿魏子"，謂其"可以辟衆臭也"、"殆異香耳……非雜諸衆臭亦無以別其香"。阿魏子是一種藥材，是傘形科植物硬阿魏的種子，從阿魏的根莖切開後所得的橡膠樹脂即有阿魏特異的香味，味苦而辛，能治多種疾病。所以吳應逵稱阿魏子能辟衆臭。黃景治的號在士大夫中傳開來，他在《筆談》卷下附了很多士大夫對阿魏子的評論。

本書是黃景治將昔日之見聞思考，以筆代談，積篇成帙而成一本筆記，書中内容龐雜，記載了黃氏所交游見聞人物的性情事迹，上至將相下至百工，涉及醫藥、風水、神鬼、游覽、花鳥蟲魚、山石園囿等方方面面。其中不乏逸聞瑣事，意在指事類情，勸誡人心，以正風俗教化。《筆談》的寫作過程包含了黃氏與其友人的互動，且書成後，當時名家謝蘭生、吳應逵、黃培芳等人爲其作序，亦有衆多文人作跋附於書後。本書亦是清中期文人日常交游往來歷史的生動印迹。

本書所記事類雖龐雜，但語出有典，議論有據，意在勸懲，故不至流於街談巷說。黃景治見識廣博、閱歷豐富，又善談論，文筆自成一體，敘事詼諧生動，因此其書有一定的可讀性。以"姑蘇牡丹"條爲例：

> 花之富貴者，推牡丹，然勢利亦莫過於牡丹。余昔游姑蘇，花時也。旅次，舊本數株一大缶，置廊簷間，其蕾半吐而始吐者，參差向背不一。告主人曰："富貴花，何置之閑冷地耶？"翌日，徙之閣中。恰爲余祖餞，備小清音佐筵。是夕燈燭高張，酒酣樂作，花嫣然競放，異哉悉向而不背矣。主人告余曰："牡丹此地非奇，吾十載於茲，未獲覯花之解人有若此者。春風得意，爲子卜先兆矣。"余曰："噫！熱鬧場中，不過博一時歡劇，何兆之有？"歸里後，依然故我。僻處一室，籬落間栽竹百餘竿、菊數種，冷露幽芳，清風高節，非若富貴花之與百卉爭妍也。（《筆談》卷下）

不足三百字的短文，文起峭然，先貶牡丹之勢利，後鋪陳酒宴間牡丹之發，朋友之諛辭。結之以歸粵後居家之竹菊的冷露幽芳、清風高潔的氣節。文章先抑後揚，跌宕有致，頗有周敦頤《愛蓮說》一文格局。

書中以雜記形式出現的故事，保存了不少珍貴的史料，如關於掛綠荔枝的種植，羅浮山本地鹽的利用，捕魚、園藝、按摩等產業行業的記述，是對嶺南生產生活的記錄，對農業史、經濟史、生活史研究或有價值。以下略舉幾類具有獨特史料價值者。

书中的農業史料值得注意，如記載乾隆、嘉慶間增城荔枝的"新塘挂綠"條：

> 粵東荔枝，種類甚夥，斷以增城新塘挂綠爲最。實大，色紅紫，綠一綫繞脬若色絲，紅綠分明可愛。土人畏差役之擾，斬伐一空。余不得見者四十年矣。增城湛司鐸稱其故交劉某家僅存一株，種溷厠之側最深處。予喜曰："熟時可分惠否？"湛曰："所獲幾何？伊逢迎孔方兄，惟恐不及。初時以一匣獻孔方，食而甘之，令每歲始實，詳記其數，無論大小勿隱。劉某唯唯聽命。伊終歲勤動，一顆不敢入口，彼且不得食，我得食乎？我不得食，子又欲因我而得食乎？予爲愴然者久之。"（《筆談》卷下）

增城挂綠是新塘湛氏家族於康熙八年（1669）培育成功的。[1] 今增城縣荔城鎮的那棵并非母樹，而是從新塘挂綠這棵母樹上博枝而成。到乾隆時，各地博枝挂綠的

---

① 楊寶霖《一樹增城名挂綠，冰融雪沃少人知——增城挂綠小史》，載氏著《自力齋文史農史論文選集》，廣東高等教育出版社，1993年，第420—424頁。

荔枝所結果尚可以與母株相比，然色香味稍差，以致吏役强取，果農被迫砍樹。黄景治在嘉慶、道光間都很難找到此果來品味。文中"湛司鐸"是新塘人，其友人將挂緑種在僻處，但商人出巨資買下，并數下多少顆，湛氏和黄氏都不得嘗。景治因之而慨嘆。

而今，除了增城荔枝廣場上那棵挂緑，其他博枝的挂緑色香味均比不上母樹所結之果。這是研究挂緑荔枝的珍貴史料。

書中的農業史料還有許多，據《筆談》卷下"羅浮蝶"條記載，山大蠶吃山中樟樹等樹木的葉子，當地人除了將山大蠶吐出的絲做成繭綢，還拿繭蛹炒來吃，也可以不吃其繭，待其孵化成色彩斑斕的蝴蝶，將之做成標本拿到城裏賣。清初屈大均《廣東新語》卷二十四《蟲語》對此有記載。

《筆談》卷下的"捕魚"條反映了廣州近郊的捕魚業。卷上"屈古樹"條，講述了從事園藝者將樹枝屈曲成具有藝術形象的盆景之事，此爲嶺南盆景的一種做法。卷下"棉園"條講述私人園囿"棉園"的興廢，可旁考廣州的園藝史。卷下"驛亭柳"條記載的是園林與粵地文學史的趣聞。

卷上"制强夷"條反映了鴉片戰爭之前廣東官府對在珠江口爲非作歹的英國商船給以懲罰之事實。此事發生在乾隆丙申年（1776），當時"粵東猾獪莫甚於外夷"，逞刁"又莫甚於英吉利"。英國商船在虎門劫奪商船，受害商人告至粵當局，時廣東巡撫李湖傳令英國商船限時到廣州城聽令。英船不聽。李湖令水師備木竹排、火藥、茅草，欲順流而下火燒英國商船。英國人聞之大驚，請求寬限時日，交還船隻并退出虎門。此事民國《東莞縣志》、同治《廣州府志》、光緒《香山縣志》都沒有記載。這條史料對研究鴉片戰爭以前的中英關係和廣東當局對外國商船的管理制度有參考價值。

《筆談》對研究清代廣東的人口史也有參考價值。卷上"汪君推嗣及妾"條記載了一個汪姓人"賈文爲活，歲無餘貲，多內寵，生子十三"，子女之多令人咋舌。而另一個姓汪的人沒有老婆。二人相遇，一個多妻妾多子，另一個却無妻無子。無妻無子者哭訴自己的情況，多妻妾多子的汪姓老男人則將自己的一個年輕妾氏和剛出生的兒子送給無妻無兒者。清中葉陳徽言所撰《南越游記》卷二"二男五女"條，記載廣州人"豪富家姬媵滿前，故所常然。甚至土著奢沽隸卒，亦多有妻妾二三者，女無夫者衆，而男之無妻者寡"。此兩書的同一類記載，可以作爲研究清代廣州家庭史的資料。黄氏有兄弟八人，也爲其時廣州家庭情況之個案。

卷上"勿藥"條闡述的是"盡信醫不如無醫"的道理。雖然是黄氏的個人經歷，但可作爲警醒今人之前例。卷上"邱君引痘"條可作清代天花病的醫療史料。卷上"庸醫"條痛斥庸醫殺人之事，又指責堪輿家殺人誤人較之庸醫更甚。可見作者黄氏在世事見解方面還是有一定科學判斷的。

綜上所述，《筆談》具有一定的史料價值。但黄氏在書中所記載的"冥報"類等内容，牽涉迷信思想和个别不當之觀念，還需要閲讀者加以鑒别。

本書依照凡例，對於異體字，一般改爲通用繁體字。常見的形近字錯誤，徑改，不出注。本書注釋主要針對正文涉及的具有嶺南地方特色的、有助於读者理解文意的重要人物、史事、典故、文獻，凡已爲大衆熟知者則不做注釋。

序

　　文莫古於經，而墨守一經者，箋疏也，非文也。文莫奇于史，而竊取史裁者，紀載也，非文也。必研經博史涵濡以歲月而掇擷其菁華。迨涉筆爲文，則一切捐棄，自具卓識，運以精思，復有灝氣盤礴於其間，頓挫抑揚，自成杼軸，夫乃可以獨名一家，遠追千古。舍是而徒沾沾焉規摹格調，藻飾辭華，岸然自命曰“吾之爲文，三唐也，兩宋也”，其亦韓、柳之芻靈，歐、蘇之糟粕而已矣。吾友定湖黄子，幼而好學，壯而好游，年逾古稀，息影蓬廬，以翰墨爲娱老，具舉平生閲歷之所及，自家庭交際以至事實聞見，一名一物之微意，有所得，即走筆書之，長篇短牘，悉有真意貫注其中。讀之氣盛言宜，時覺於古大家神韻，恍遇於行墨之外，意不期於師古而自與古會。若是者，庶可繼前賢之著述，登其堂而嚌其胾者歟？柳州有言：本之《書》以求其質，本之《詩》

1

以求其恒，參之太史以著其潔。① 古人之爲文，未有不根源經史以抒其心得者。定湖資識超俊，沉酣六籍，寢饋百家，探索數十年，食古而化。故其取於心而注於手，獨能遺貌取神，不蹈箋疏之習，不沿紀載之詞，由是文以載道，醇而肆焉，取其實而去其名，以蘄至於古之立言者所謂"根之茂者其實遂"②。余故深有跂焉，且樂爲之稱説，以告世之墨守竊取以言文者。

　　道光丙戌春二月錢唐愚弟姚祖恩③拜識於羊城寓館之履无咎盦

---

　　① 柳州，即柳宗元（773—819），因官終柳州刺史，被稱爲"柳柳州"，此處出自其所作《答韋中立論師道書》。

　　② 出自韓愈《答李翊書》。

　　③ 姚祖恩，號苧田，浙江錢塘人，嘉慶間任廣西容縣知縣，善文，著有《史記菁華録》，文學史稱他爲桐城派最後一位古文大師。

序

　　石不能鳴，以水鳴；樹不能鳴，以風鳴；金鼓不自鳴，因木之撞擊鳴；絲竹不自鳴，假人之手口鳴。物固有所激觸使然哉？否則寂然無聲矣。予少與黃子定湖仝學。定湖尚氣誼，善談論，所至屈其座，人人乃樂聞其談，不爲憾。今老矣，豪興頓減；又兩耳重聽，無所激觸，談不暢。然身世之所閱歷，耳目之所聞見，時若有鬱於中而未吐者，不得已舍其舌之鳴，而以筆鳴。數年來累爲一帙，每一篇成，輒攜示余，相與共讀稱快。近又以爲未足，續撰數篇，或至夜分不寐，而兩耳重聽加甚。予曰：《筆談》可以止矣。夫言毋論多寡，問其有當於人心否耳。君書尚未成，聞時賢爭以先睹爲快，是筆之所到，已曲當乎人心之所不言而同。然雖不盡欲言，而彌有餘味，又多乎哉？庖丁之解牛也，合於桑林之舞，

3

3

乃中經首之會，及其四顧滿志，則善刀而藏，是謂能養生者，又多乎哉？

　　　　　　道光丙戌上元後一日里甫弟謝蘭生[①]識

叙

　　士有高才，偃蹇不得志於時，往往憤發著書以自攄其胸臆。然不平之鳴，識者譏之。定湖黃先生，慷慨磊落人也。少爲諸生，高自期許，家貧棄去，客游湖海，舟車所至，見之著述。余聞其名，未之識也。甲申歲獲見，於廣座中，掀髯雄辯，口如懸河，驚叩之，即定湖先生也。聞先生少許可，每面折人過，人亦莫敢致辨。與攀談，則又虛懷善下，不類曩昔所聞。蓋其晚而聞道，鋒穎亦少斂矣。異日介盧君蔚林，以所著《筆談》見示。拜讀之，悉叙其生平所游歷，與交好中一二軼事，表章出之，間有創論，要皆有關風教，非借他人杯酒澆自己塊壘者。而文筆之高簡峭潔，獨能脫去庸凡，別闢畦町，真足以傳。先生亦不欲無所表見於世，因謀壽之梨棗，屬余點次之，兼爲叙以弁諸其首。余謂先生之文適肖先生爲人，先生之文傳，先生之爲人亦因之以傳。先生貌瘦神清，風骨峭然，讀先生文，可以識先生矣。

道光丙戌夏四月愚弟蔡超群①拜叙

---

① 蔡超群，嘉慶、道光間廣州文人，書法家。

序

　　昔揚子雲口吃不能劇談，至著《太玄經》①，其言十餘萬，則精於筆者不談。裴僕射②贍於論難，時人謂是言談之林藪，而未嘗有書，則善於談者又不以筆。定湖先生性好談，且好爲竟日之談。每同人雅集，掀髯抵掌，娓娓不倦，聽者忘疲，有談談之許。至是惜齒牙，餘論則以筆談，意有所得，簾閣據几，飛豪噴墨，漏三下不休，積日裒然成集。核其旨要，言依乎道，文生於情，橄欖之味也回，蜿蜒之致也曲。而先生猶嗛嗛然，曰："吾比之街談巷說而已。"夫虞初九百，出自稗官，皆街

---

　　①　揚子雲，即揚雄（前53—18），字子雲，蜀郡成都人，西漢辭賦家、思想家。著有《太玄》、《法言》，亦開晉代玄學的先河。玄，原作"元"，避諱字徑改。

　　②　裴僕射，即裴頠，晉代官員。《世說新語·賞譽第八》："裴僕射，時人謂爲言談之林藪。"

談巷説也，班孟堅列之藝文。① 未有談不善可以言文者，亦未有無文可以言筆者。是書出，俾慕其談者，兼資妙筆，賞其筆者如聽面談。世有蔡中郎，安知不欲秘之帳中，以爲談助也者。

　　　　　　道光六年四月既望梁序鏞②書於訶林精舍

　　① 虞初九百出自稗官，指小説筆記一類作品。虞初（約前 140—前 87），西漢小説家，著有《周説》。張衡《西京賦》："小説九百，本自虞初。"《漢書·藝文志》："小説家者流，蓋出於稗官，街談巷語，道聽塗説者之所造也。"

　　② 梁序鏞（1766—1845），字雲門，廣東南海鹽步人，嘉慶二十二年（1817）進士，工詩文，所撰《佛山賦》，辭藻華麗，道盡清代佛山繁榮。

序

　　説部亡慮百十種，其爲雜事之屬者，如《世説新語》、《朝野僉載》等書是也。其爲異聞之屬者，如《海内十洲記》、《夷堅支志》等書是也。其爲瑣記之屬者，如《博物志》、《清異録》等書是也。三者義類固不同矣。定湖先生爲諸生時，聲雋一黌，既乃棄去帖括，遨游閩、楚、吴越、燕趙，足迹半天下。游而歸，歸而老，取生平所見所聞，隨筆札記，積而爲帙。其中紀事實、記游覽、探物理、辨疑惑，指事類情，善談名理，其大旨歸本於勸戒，令讀者沁心解頤，油焉興起而不能自已。蓋於古人雜事、異聞、瑣記之外，自爲一體者，非特文字之工而已。先生自序謂此中有妙契存，不徒作詼諧游戲觀也。請即以先生之言序先生之書可乎？

　　　　　　道光六年三月愚弟謝光國①照山氏謹識

---

　　① 謝光國，嘉慶、道光間廣州文人。

9

序

　　《筆談》上下二卷，南海黃定湖先生著。達名理也，述舊德也，體物情也，維風俗也。大抵游戲者十之一，勸懲者十之九。先生善談，又嘗泛舟吳越，走馬燕趙間，益助其磊落嶔崎之致，當之者皆畏其口。數十年來息影蓬廬，近復兩耳重聽，與人不便酬答，則又易口談而以筆談，既而積成卷帙。今夏，忽過余，屬爲叙。余笑謂之曰：文筆之妙，諸君言之備矣。先生自號"阿魏子"①，謂其可以辟衆臭也。夫有阿魏而衆臭皆失其臭，則阿魏之臭非臭也，殆異香耳。少見多怪者不辨其香，非雜諸衆臭亦無以別其香。此二卷者，其譬諸阿魏之真

————————

　　① 阿魏子，《唐本草》以來的中醫著作均有記載。屬傘形科新疆阿魏，味苦辛，性温，是用於消積殺蟲及化癥散結的藥物，需與其他藥物配伍使用。黃景治用以自號，詳見卷下"阿魏子小傳附"條。

10

香乎？倘遇諸臭則以此祓除不祥，若遇知音則相視而笑，
所謂同心之言也。先生其亦應首肯斯言矣。

道光丙戌初秋鴈山吳應逵①識

---

① 吳應逵，字鴻來，號鴈山，廣東鶴山人，乾隆六十年（1795）
舉人，博學工文，受阮元聘，參修道光《廣東通志》。有《鴈山文集》、
《嶺南荔枝譜》、《譜荔軒筆記》。

序

　　太史公稱：虞卿①窮愁著書，蓋以自況也。夫著書，非待窮愁，必其人挾過人之才，而無所施用，閱歷既多，遂託於書以自見。吾友家定湖，少負清才，倜儻磊落。書法逼真董華亭②，羊城人家在在有其手迹，余因其書識其人。迨鄉賢一役，釐正祀典，尤爲名教出力，爰訂兄弟交。定湖生平疾惡如仇，不避富貴，有不合者輒面叱之，由是世比於阿魏，以其能辟除穢臭也，因撰《阿魏論》以見意。定湖既不遇於時，年逾古稀，敕斷家事，藉筆墨自娛，著《筆談》二卷，或憶所見聞，或取諸心得，其間微辭讜論，往往足以諷世礪俗。《文心雕龍》云

---

　　① 虞卿，一作虞慶，戰國時期趙國的上卿。《史記·平原君虞卿列傳》："然虞卿非窮愁，亦不能著書以自見於後世云。"

　　② 董華亭，即董其昌（1555—1636），字玄宰，號思白、思翁、香光居士，華亭（今上海松江）人，明代書畫家、畫論家。萬曆十七年（1589）進士，授翰林院編修，官至南京禮部尚書。

"博明萬事爲子"①，此編體雖近集，而進乎子矣。余幸先睹爲快，書卷首以復之。

　　道光六年丙戌春試燈節日香山宗弟培芳②書於嶺海樓

卷　上

自　序

　　余少疏慵傲睨。當諸生未幾，遂棄舉子業，投筆與人捉刀，頗自愧。爲升斗計，險阻勞瘁不辭。涉彭蠡，浮洞庭，駕大洋，乘風破萬里浪，歷塊者，閩、楚、吳越、鄒魯、燕趙諸大都邑，其遺迹一一心焉識之。縱未遍覽名山大川，亦嘗恣游騁，稱快意焉！竊欲於桑榆暮境時，掇拾前事，以備參考。然家累日深，故有志而未逮，今七十有餘矣。近者小者尚不克稍抒所見，況其遠大者乎？歲甲申臘半，失恃居艱，哀痛慘怛，何暇及語言文字？惟先人一二善事，不忍泯沒無傳，罔揣固陋，誌諸篇章，庶無忘舊德。嗣是間有所作以舒憤悶，心之所觸，目之所存，泪泪焉發於筆端，文之工拙弗較也。數月積漸成帙，率爾之作，多恐雜而不醇，豈足付諸剞劂？可吾文者樂吾爲之，此中或有妙契存焉，非徒作詼諧游戲觀也。因書之以冠篇首。

雜　說

　　天地予人之厚，隱而顯，惟不善悟，則顯者晦。曠達之士見淺見深，匪以象求，恒於象外而得所求。夫天色蒼蒼，快心洞目，所謂清明在躬，氣志如神也。王道蕩蕩，無往不樂，所謂"視履考祥，其旋元吉"① 也。若夫風雲月露，丘壑林泉，天地又予人以無窮之福。惟知其福者，斯能受其福耳。不然，庸庸之衆，於一施一生，享其無方之益，以資長養足矣，又惡知游目騁懷，與夫象外之別有所謂神契者乎？

近讀《北山移文》，先得我心，德璋先生②可謂嚴覈至矣。余有所不自禁，可即古人文藉以抒夙憤。何如？

"不邀人敬，不受人慢"③，白沙先生語也。余讀之，隱然自悟。夫有禮者敬人，邀之則強，強而敬，非敬也；無禮者慢人，受之則恧，恧其慢，真慢也。不邀不受，得中道焉。余嘗得其半，而過其半。敬不邀矣，慢不受，且倍徙之。慢以反之，殆所謂己之察察，不受物之汶汶歟？不然，雖袒裼裸裎我側，焉能浼我？而獨於一慢是較，何哉？

余每聞説人之過，怳若説己之過，事或相類而心輒

---

① 出自《周易·履卦》。

② 孔稚圭（447—501），字德璋，所作《北山移文》諷刺了假裝隱居山林實則真心向往名利的所謂隱士。

③ 見陳獻章《白沙集》卷十《喻塾中帖》。

惕然。反而思之，人能説人，豈不能説我？人説我，我不知，惡知人之説人非即説我乎？我説人，又惡知人不知，而反有以説我乎？人我間詆謗相尋，我説人厚，猶恐人不我厚，況薄乎？薄則人益從而薄我有之，詎稱量而出乎？

徐東篕，余舅兄也。好戲謔，言論多恣肆不撿。少年裙屐時，予每從而和之。迨晚年，俱非適意。告余曰：“少壯氣盛，好爲快論，口過即蘗也。爾我悉犯此病，年皆老，慎毋復蹈前愆。”余聞之悚然，每三復其説。

澆漓薄俗，不必觀人之行事，即言論間亦可概見。人之善，每不樂道，若有忌心；人之不善，故爲宣揚，猶多致毀。於古人善善欲長、惡惡欲短之説迥大相刺謬焉！不惟此也，憑空結撰，無而爲有，奪理强詞。或游戲之談，偶博一時嬉笑，尚無關得失。至於世事上作無稽説，鑿鑿以聳人聽，即無關得失，亦可疾之甚，矧其大者乎！孔子云：“人之生也直，罔之生也幸而免。”[1] 言至失寔，即罔也。何其幸免者，天下紛紛若是耶？

昔人言：凡百可醫，惟俗不能醫。俗者，恒以不俗爲可厭，以俗爲可喜，鄙甚！世每稱不俗者皆貧士，似

_____

[1]　出自《論語·雍也》。

未當。然須知富貴、豪華、慷慨，豈俗耶？貧賤、猥瑣、齷齪，豈免俗耶？不必問其遇，但視其人耳。雖然，所見不俗者，每出於清高之士。清高多貧士也，稱之有由，混言之，不足以知人論世。

字與畫，是二是一？一者，理也。學字畫者，須知其理一，而用意則二焉。董香光①云："字須熟後生，畫須生外熟。"確論也，真發前人所未發。畫之說，人或知之，字之說，人所罕知。世固有終身學字畫而不識字畫者，其藝必劣，作文亦猶是也。蓋關天分，非人力所能爭。

佛門無不供觀音像。向善者固知所敬，不向善者亦不知所畏，以其慈悲相也。不思作大士時，黑面猙獰，鬼且懼，況人乎？僧尼等輩，膽敢妄作妄爲，衹見觀音常相，不知觀音變面。

諺語以八股取科名，謂之敲門磚，門闢則磚棄，比擬甚切。余嘗敲而再，再而三四，竟罔聞。然力已懈，不俟門啟，而磚亦遂棄之矣。豈司閽者屢聽之不聰乎？或余力未至，雖敲猶寂也。古言文章報國，此中原有至性存焉。若門闢磚棄，報國具又安在哉？

---

①　董香光，即董其昌，詳見前文黃培芳序註。

幽并兒，北方之强也。好武少文，尚氣誼，忘財勢，是亦俠之徒歟？余壯時奔走燕趙間，與一二輩往來，頗投契。可嘆南方風氣迥別，所交財勢輕重大小，以稱錘較之，愈己者有凌傲氣，不若己者有阿諛氣。吾恐幽并兒處此，匪任俠，激而爲俠。

譚臬憲①

譚臬憲諱尚忠，江西南昌府豐城縣人也。乾隆丁酉赴粵東任，首辦匪徒、訟棍、寇盜，嚴核各府州縣，未幾都鄙爲之一清。攝篆不及兩載，除方伯。瀕行，紳士祖道都門外，酌而祝曰："粵東受大人福蔭廣矣，願吉星再臨，以慰民望。"百姓引領以俟，咸嗚咽，同聲一哭。公曰："余無甚善政。惜莅任未久，不克與粵東悉除惡習爲憾！有負諸公期許。"偕衆步數武，一拱而別。是日，舉國若狂，肩挑者弛擔，執藝者爭趨，各拈香踉送，哭聲載道，民之愛戴有若斯乎！嗟夫，公論常存，人心不死，有善政，何患頑民？草尚之風，必偃也。公洵古之遺愛也乎？

_____

① 即譚尚忠（1722—1796），字因夏，一字古愚，號薈亭，江西南豐（今南昌）人。清代廉吏。因在朝忤和珅，被貶。在廣東任職，有善政。"臬憲"爲對按察使的敬稱。

清寇盜

番邑沙疍①，昔之賊藪也。積習久而莫之禁，肆其劫掠，幾不可制。幸而李中丞恭毅公湖②茇粵，爲之掃除淨盡，誅盜匪百數十衆，可謂去蟊賊螟特③而護良苗矣。公親詣相其地，曰："是山鼠形，宜有此。鑄大鐵貓振④之。"至今猶蒙其福云。

---

① 番邑沙疍，指番禺縣沙灣司和疍塘司，在番禺縣南部，是珠江口的衝積地，衝積的形成經歷了自然過程和人工圍墾過程，宋元以後北方移民大增，人工圍墾始盛，明清時期趨於極盛。詳參吳建新《嶺南農業史》，世界圖書出版公司，2023年，第129—192頁、199—500頁。

② 李中丞，即李湖（？—1781），字又川，號恕齋，江西南豐人。乾隆四年（1739）進士，四十五年（1780）任廣東巡撫，平盜有治績，卒於任上，贈尚書銜，謚"恭毅"。道光《廣東通志》有載其事積。

③ 蟊賊螟特，指作物害蟲，比喻危害國家人民之人。見《詩經·小雅·大田》："去其螟螣，及其蟊賊，無害我田穉。"

④ 振，一作鎮，風水學概念。

制强夷①

粤東猖獗莫甚於外夷，恃財而聚衆也。夷之尤逞刁而不遵約束，又莫甚於英吉利，素有賊名，衆夷中黨最大。乾隆丙申，虎門内吉利劫奪花旂一舶，盡逐其舶衆，難夷無所歸。不獲已，赴省上訴。李中丞曰：“夷在外洋，難以禁制；入内地，豈任其强暴若是？可憤甚！”告商衆曰：“爾等宣諭其頭目總管，刻日歸還則已。否，當以國法從事不貸。”竟置若罔聞。復諭商曰：“限三日。”不能。至五日七日，仍不恤。公即傳首府廣協，授以機宜。出，立辦杉排若干，竹筏若干，火藥稻草若干，趁上流隨順風將以火攻。兩日齊備，長列海旁一帶，候舉行。夷聞之膽裂，求商懇寬限，自即歸楚，不復敢違諭矣。許之。公曰：“夷詭詐，勿任其愚弄，一物不還，不赦。”復令其揚帆出境，無別故，乃已。公可謂識定而志從，志定而力從，無欲則剛，斯能肩大任而彰國體。嗣是，夷聞李撫院之名，莫不伸舌。迄今數十載，猶傳其威烈可畏可懼，曰：“此真天朝大皇帝官也。”

---

① 民國《東莞縣志》卷三十三《前略事》未載此事。中英交惡因英國向中國輸出鴉片而起，根據此條記載，中英在鴉片戰爭前關係已經緊張。

孫方伯①

　　乾隆初年，方伯孫君，名岳頒，江蘇人也，不由科第選舉而仕。當諸生時，困頓抑鬱。游京師，投其外戚某。至，某已返矣。囊如洗，旅食不給，日游闤闠中，冀遇一二同邑以圖歸計。將兩月，終無一遇。偶入茶肆少憩，值肆中有縫衣者在座，詢其姓氏、里居，并憫其窮苦之狀，曰："君無憂矣。余與優者某常往來，其妻與君同姓同鄉，屢屬余覓其故土親族，適相值，天假之緣也。君讀書人，其肯屈就乎？"孫曰："救死而恐不贍，奚暇治禮義哉？"翼日，假以衣履往見。優妻欣然致詰，絕無聯屬。其夫自外至，與談，遂留食。彼此投契，訂爲郎舅親。既親之，故憐之，使遷往就食焉。孫且止，以解目前憂。日者內廷演戲，優出其扇，乃孫所書。上瞥見取視，問曰："詞館中有是人乎？"對曰："無。"上曰："如此書，詞館中亦稀有。"詢知其在都，越日發素縑十二幅。書就繳入。大稱旨。上曰："觀其書，其人必不劣。可使見乎？"左右曰："皇上破格，自可使見。"

---

　　① 即孫岳頒（1639—1708），字雲紹，號樹峰，江蘇吳縣（今江蘇蘇州）人，書畫家。康熙時任禮部侍郎，受命與宋駿業等五人輯《佩文齋書畫譜》，有畫論。

出傳喚。整衣冠入，煥然改容。及奏對，詳明敏給。上大喜，記名，賜中書科。於是舉朝咸知有孫某矣。後出外任，除方伯而卒。噫！遭遇無常，功名有定，冥冥中惟時至乃知之，非人所能逆料也。假令孫君窮不極，家食自甘，亦遂老於牖下已爾。即由科第而仕，其名未必驟著，後世誰復知有孫方伯耶？余訪姜明府，見其書酷肖董華亭，可喜，因述始末。余識之。姜與孫同邑也。

李君仗義好施

李君丹成，江西臨川縣人也。素貧，壯歲來粵東，而之粵西，投鹺務①王某，遂家焉。吾知其一二事，可風可傳，爲識其略。李之同鄉某與交好，晚年落拓無告。知李爲人代庖，愛莫能助。一日李曰："子不歸，何恃乎？然非獲重貲又不能動，斯其所以難也。吾試與子設想，直告東人，支十年修脯。"如請，悉與某，促某卜日就道，使五櫬十丁生死回籍。是舉也，生者死且不朽，死者已銘枯骨矣。李受王某鹺業後，不數年漸富。而王日貧。王已捐於前，至是欲以官爲家，往求助焉，竊欲得二千金已足。而李爲之計曰："寧有餘，毋使不敷。居者、行者，非三千不可。余當爲部署，勿介介之二事。"

———————————

①　鹺務，即鹽務。詳參卷上"譚達元、體元"條。

盛德及人若是，後者難而前者尤難，它不及知者可類推矣，宜其子孫昌而壽享期頤也。天之報施善人，寧有艾邪？孔子嘆借乘之有無，子路志裘馬之與共，夫乃知慷慨好施之未易易也。李君其古之人歟？古之人歟！

汪君推嗣及妾

聖培汪君，原安徽人。余中歲始識面，與語，胸無滯礙，知其豪快流也。賣文爲活，歲無餘貲，多内寵，生子十三。其莫逆友望谿亦汪姓，老而無子，與培常共飲食。一夕酒半酣，谿潸然出涕。培曰："此胡爲？"谿曰："吾見兄子長幼群集一堂。余年已過半百，欲求一而不可得。老且貧，復奚望？"培曰："噫！何傷爲？子有子矣。夫友，五倫之一。余有餘，忍吾子無嗣，曷貴乎友？余幼子去冬所得，嶄然見頭角，可爲汝子。惟念汝貧，不克倩乳媼，連囊相贈，可乎？"谿曰："何言之？"培曰："此子少妾初生，去其子而留其母，母必不忍舍。曷若使母子俱往汝家，子爲汝子，妾爲汝妾，無憾而兩全，或再廣嗣未可知也。"谿淚益潸潸下。培曰："吾自有詞以遣之，矧吾多寵，而枯楊生稊，少婦寧復眷然於墓之拱木耶？"於是卜吉舁往，谿亦無詞以却。觀其篤友誼，啟後人，割所愛，非古今豪快之士，其孰能之？

許朱將相

　　江西朱文端公①當孝廉時，流寓粵東，困甚。旅次中遇閩賈許，相與談論甚契，厚遇之。一日語朱曰：“吾觀子必有大用，春闈期近，時不可失也。”朱有難色，許慨然曰：“是誠在我。”一切周備，速其北上。是科果捷，入詞垣，不十年除兵部侍郎。時適平定臺灣，許得軍功摺，可爲進身地。入都後，旋授雲騎尉，不十年坐升水師提督，而朱亦遂入閣矣。夫朱爲宰輔尚在意中，許攝軍門迴出意外。有巨眼始識奇人，有奇人斯獲奇遇，朱、許之謂也。既而朱致書許曰：“吾與子俱官一品，富貴已極。今老矣，戒之在得，此其時也。子可歸休桑梓，余亦退居林下，終此餘年，毋蹈昔人不知止之譏也。”二公遂前後解組歸。論者謂：許之避近朱，而朱之全許晚節者，尤爲以德報德云。許少來廣，安土重遷，至是眷屬回籍，不復寓居粵東矣。

---

　　① 朱文端，即朱軾（1665—1736），字伯蘇，號可庭，江西高安人。康熙三十三年（1694）進士。歷康雍乾三朝，累官至文華殿大學士，兼吏部、兵部尚書，爲乾隆老師，謚“文端”。《清史稿》卷二百九十五有傳，許事無載。

蔣大使[①]

　　蔣君厚傳，別字榕臺，安徽人也。由諸生循例仕粵，候補鹽大使。僦居禪院，嗜酒而苦無對酌者，問僧曰："酒能幾何？"答曰："僧量素狹，一勺不能勝。"蔣曰："佛法戒酒，可謂能守清規。"然心已疾之矣。一日步堦除，見塢旁塵垢堆積，問曰："佛法宜戒酒，佛地亦宜淨潔，何邋遢若是？惰玩不敬，應責。"傳皂隸，僧叩頭乞免。蔣曰："尚能一勺乎？"答曰："謹遵命。"赦之，是夕酌以大斗，欲其醉以洩小憤，竟無算，曰："豪飲若是，何詐爲？適戲之耳。"後相與談論頗洽，有異饌必招之。每飲，僧不醉而蔣已頹矣，反貽笑僧，亦韻事也。

　　榕臺字學米南宮[②]，松制軍[③]喜之，每入輒久，或留食。松好書，書竟必問其可否。適酒後執筆詼諧，蔣立研旁大笑。松筆剔其臉，左右駭異，蔣曰："中堂朗若清天，卑職不爲污吏矣。"遂拭之。

---

　　① 即蔣厚傳，字朱亭，江蘇泰興人，書法家。嘉慶十七年（1812）任高州電白博茂場鹽大使，十八年（1813）修復電白東陽書院，於其門上題七言對聯勉勵士子努力讀書。

　　② 米南宮，即米芾（1051—1107），北宋書畫家、書畫理論家。與蔡襄、蘇軾、黃庭堅并稱爲北宋書法四大家。

　　③ 松制軍，即松筠，曾爲伊犁將軍。

譚體元、達元①

　　譚體元其弟達元，仁化人也。爲鹺務一案，剛而不屈，憤而能伸，膽識兼備焉。乾隆□□年，大憲核查運庫，虧缺帑本，無以彌縫。鹺務商沈某出而調劑，另舉新商，任意武斷，殷户多受其累。譚非有力，亦在殷户之列，被苛求而凌辱殆甚。奔京師叩闇，發原省審訊，反受誣，議發遣。道經本境，親友趨送紛紛，或嗚咽致詞，或垂涕握別，獨其兄弟無戚戚容。弟曰："兄雖往，弟詎肯坐視？不平氣自有以報之。它日兄返故里，仁見仇出玉門矣。余或不幸復罹禍，譚姓子姪，大有人焉。"族黨亦同一憤諾，達元復欽差赴粵，遂成信讞。沈雖多方斡旋，終不免罪，而體元免矣。達元之言驗矣。噫！以柔制剛，其勢緩；以剛制剛，其效速。達元善用剛，理直故也。篤友于而至性獨厚，邀天鑑而大快人心。

---

　　①　這條反映了清代的鹽政與鹽商的關係。清代采取官督商銷的辦法，劃定鹽區設官員管理。不定期派出巡鹽禦史統轄鹽務。鹽商有自己的組織。這些組織和鹽政官員存在勒索商人和隨意攤派等惡行。受害商人可以上京赴告，但多發還原省審理，除非遇見公正官員方可得到正確處理。譚氏兄弟就是在這種複雜的官商關係中活動的。

孟生説鬼

華墀孟生，素有膽識，好學而博，惟不信鬼，謂阮瞻作無鬼論，先得我心。以世之信鬼者，先疑而接生於心，不能使無疑者叩虛而求寂也。一夕，與二三友往粵秀西齋，途購橄欖，握置齋几上，忽少其一。孟曰："數明五，何僅得四?"置几時欖亦未少動，頗疑。友曰："圓物易墮，燭之自見，何疑焉?"遍覓無有。各啖其一，不介意置之。少頃，忽擲下得焉聲響，欖也。孟曰："異哉? 吾道上適發無鬼之論，鬼兹其戲我邪? 我與友劇，鬼與我劇，亦一湊趣事也。"

邱君引痘[①]

痘症而曰"天行"，每受劫，數也，非人力可爭。浩川邱君，得外彝引痘法數，莫囿，而人得以操之，厥功

---

① 古代的痘症，是現代醫學上説的指天花病，死亡率很高。清代傳入西方醫學防治天花病的技術，邱禧於嘉慶二十二年（1817）撰的《引痘略》就是成果之一。湖南人周景明在道光八年（1828）得《引痘略》，書《引痘撮要》，使天花病治療法進一步推廣。本條所述基本反映了引進西方醫學後防治天花病的過程。

普矣。夫引痘先在蓄苗，蓄苗須圖久遠。邱君捐囊鳩金，以息分給來者，解其厄復獲利，故男婦如期欣然褓負至，痘苗斯相繼不絕。慮瘋疾小兒混入，倩瘋人驗之。兒童又無所苦，僅微刺兩肱上，苗按少許，至時其旁出三兩顆、四五顆而已，無復有所謂麻臉者。旬日後，痂脫如常，萬不失一。若行所無事焉，多授徒四出，以佐己所莫及。數年間效法非惟粵東一省，歷久益可想矣。刊刻《引痘略》，匪好名也，欲廣施其濟世術，而無失其傳也。周備詳明，若是固天使之助生成而回氣數者乎？余常言：浩川爲人種痘，實自己種福，信不誣也。世之痘醫紛紛誤殺，效此而或可告無罪。

梁石癡①

梁石癡樞，順邑名士，古心古貌，工畫而懶於詩文，喜游覽。適塗遇孔生，拉往珠江花舫，孔與優兒餞別筵也。優，衡陽人，不作優，投孔已三載矣，至是言旋，座中各賦詩以贈。中有暗戲石癡者曰：“今日之酒，不可無詩。無詩者不得入席。”癡曰：“詩亦匪難，但問工與不工耳。余不工，故不作。然必欲强就，子不我工，亦

---

① 即梁樞，字拱之，號石癡，廣東順德人，畫家。畫風追慕古人，喜爲枯林瘦石，托雲潑墨，與黎簡同時。

不得入席，何如?"於是援筆立成，曰："昔自衡陽來，今返衡陽去。風送衡陽舟，目斷衡陽樹。"衆嘆賞不已，曰："座上之詩以癡爲最正，恐送別者讀之不能忘情。"

黎二樵①

二樵黎君名簡，順邑選拔貢士，詩、字、畫名重一時。李別駕南澗②盛稱"嶺南四家"，而黎與焉，故有張、黃、黎、呂之號。③黎位置三，藝實宜居首。黎每嘆曰："余一生雖無建立，然以筆墨論，似無愧古人。一旦入無何有鄉，豈不可惜?"謝南村曰："古今才人，可惜者亦復不少，寧獨子一人? 子而能附可惜之列，亦足稍慰矣。"黎默然。

---

① 即黎簡（1747—1799），字簡民，號二樵，廣東順德人，清代書畫家、詩人，《清史稿》卷四百九十《文苑二》有傳。畫作被當時人爭爲收藏，著有《五百四峰堂詩鈔》。

② 李南澗，即李文藻（1730—1778），字素伯，晚號南澗，山東益都人，乾嘉時期藏書家、目錄學家、金石學家、詩人。金石學家翁方網稱其爲"北方之樸學，嶺南之循吏"。

③ 張、黃、黎、呂，分別指張錦芳藥房、黃丹書虛舟、黎簡、呂堅石帆。除呂爲番禺人，其他三人均爲順德人。呂有詩《遲删集》。

何茂才

　　古人惜寸陰，良以韶光易逝，貴及時勉力，毋致嘆衰老而無能爲也。香邑何某，尚氣誼，余年長其半，爲莫逆交。洵稱是鄉之表表者，且爲世家巨宦之後，聰敏過人，稚年入泮，咸以大器期之。然某於世情過爲覷破，中歲前遂棄舉子業，放浪形骸外，以夜作晝。於往來密邇者，橫床對臥，一盞紅燈，尺許淩煙竹，① 互相酬酢，以消受畢生福澤，可不惜哉？兩地契闊將十年，來省垣又未獲一晤。聞近所洽者多非故交，其所交者，又何如人也？

交　友

　　人生得一知己可以不恨，知己之難，匪自今始。然亦視己之處人何如，非徒責人之處己也；又非徒不責人之處己，必先責己之處人也。古人三自反，躬自厚而薄責人，則遠怨。遠怨，誰與我忤？或因而厚我有之。要之，交友一道，須見得大、見得空。空而大，天下無不可相處之人；隘而執，天下無一可相處之人。

----

　　①　吸食鴉片的情景。

或有問於友曰："子視某之待我何如？"友曰："還問子之待某何如？"或又曰："某之待子，與我之待子何如？"友曰："一交并交，一絶并絶。"可稱快語。

譚三[①]瞽技

鼓吹，末技爾，精其技者，亦娓娓動聽。須各執一藝，衆合樂而部始成。竟有一人總其事而無旁貸者，開平譚姓鑼鼓三是也。三，瞽者也。夜出，盡肩其所有，間吹喇巴一聲爲號。招作技，則席地而坐，臚列金鼓銅鐃管絃等器於前。技作，不惟手動，足亦動；不惟足動，而喉亦張。聲之高下疾徐，與絲絃和協，板以節之，鼓以佐之，鼓而吹，吹而彈，鳴金響鐃，手肘足指，一時并舉，能令各器種種恰應其用，無稍錯亂。雖明目者，不如是之敏也。背而聽，嘈嘈雜雜，竟莫辨爲一人技。以此求食數十年。遍覓瞽者傳其藝，卒莫能繼。雖末技，亦絶技也。

---

① 譚三，即下文譚姓鑼鼓三。其事亦見於與黄景治大致同時人梁松年所著《夢軒筆談》卷四，書中稱譚三爲高明人，但事迹則類似。梁松年（1784—1857），字夢軒，廣州黄埔人，曾課讀於學海堂。《夢軒筆談》中多有廣州故事。鑼鼓三事是廣東民俗藝術史的資料。

周花農夢夢窠①

　　花農周子，倜儻人也。善築室，搆一窠名曰夢夢。夢之説，古人屢及之，花農復伸言之，蓋云：夢中有夢，是爲夢夢。夢夢覺以爲覺也，不知仍在夢中。真覺矣，又疑覺仍是夢，啞然自笑。浮生若夢之説，古人豈欺我哉？竊嘆名利場，營謀奔競者紛然莫知所止。名利場，荆棘林也。日作夜夢，了無覺時。花農年逾七十，備嘗此況，恨不獲遂其山巓水涯之樂，然意念亦稍息矣。追維往事，多恍惚不復記憶，猶不若近夢之爲確也。翻笑覺不如夢，後先今昔，同一幻境爾已。花農有味乎其言，予跋之，與癡人説夢有間。

題梁竹浦小照詩後

　　竹浦磊落人也。廣交游，於余獨厚。故其生平梗概，余知之最深。惜子期已逝，伯牙琴終身不復鼓矣。歲甲

---

　　① 此條有作者借周花農事抒發自己情志之意。此條述周花農年逾七十，後文"矮人"條有"余年逾七十"，可證。

申仲夏，其令嗣一峰①出其尊人繪圖，示余屬題。余年已邁，且病憊，以思索爲勞，一是酬應悉却之。然一峰孝友，而能光大門閭，善慰父志，余故重其請，漫成四言古體六十四字以應。蕉窗夜雨，燈下疾書，亦聊以誌無忘舊好焉爾。

石菴先生②墨迹

杜少陵詩云"書貴瘦硬方通神"③，定論也。余自京邸回粵，迄今三十餘載，交游同好，出石菴墨迹示余者不少。不外墨釀筆重，似與少陵論書有間。然其藏骨於肉，莊嚴古勁，自具一種神味，斯過人處也。此卷是晚年書，當以神取，不可象求。董華亭嘗言："字之妙處，在用筆，尤在用墨。"石菴可謂得用墨之法歟？

---

① 梁竹浦無傳。梁一峰，廣東三水人，嘉慶十八年（1813）舉人。工詩，有《毋自欺齋詩略》。據此條，梁竹浦亦工畫。

② 石菴先生，即劉墉（1720—1805），字崇如，號石菴，乾隆年間重臣。劉墉出自名門相府，書法有家傳，在乾隆間與翁方綱、梁同書、王文治并稱書法四大家。

③ 出自杜甫詩《李潮八分小篆歌》。

鍾鳳石①不樂爲師辨

　　余友鍾啟韶鳳石，少舉孝廉，以教讀代耕。嘗言我輩免授生徒爲樂，余獨以不得授生徒爲憾。彼此俱爲升斗計，然所見大相左矣。向使余升斗不謀於闤闠而謀於皋比，與二三好學之士執經問難，彼不知而我告之；彼不知而我亦不知，必求其知而使之知。此相長之道，樂何如也？且於功課之餘，何書不可讀？何藝不可學？發爲文章，則見其麗以則也；施之翰墨，則見其奇而法也。可以售世，可以傳世，直當以第一流自居。至於功名富貴，置之度外，奚所戚戚哉？恨余不能然，而鳳石能此而不爲也。《孟子》曰"人之患，在好爲人師"②，吾之患，特患不能爲人師。鳳石何患而不爲乎？偏致戒於師又不能不爲升斗計，是欲與市井輩逐什一之利而後快耶？不然，或以教讀爲勞。吾不教讀，何嘗獨逸？或以教讀不能致富。吾不教讀，何嘗不貧？易地而蹈，吾恐鳳石於我更貧，我於鳳石未必止此。孰得孰失，固有能辨之者。

───────

　　① 鍾啟韶，字鳳石，廣東新會人，乾隆五十七年（1792）舉人，是嘉慶間廣州著名文士，也是著名私家園林伍家花園的常客，工詩。他的《避暑海幢寺得雨》："毗盧閣繞萬松風，入望魚龍百變中。東下海濤天漠漠，北來山雨晝濛濛。"將雨中海幢寺的氣勢描述得極爲生動。

　　② 出自《孟子·離婁上》。

讀《莊子》

無其事無其理者，憑空結撰而成文，圖快一時之論，人知其妄而目不存。惟《莊子》一書，不必求其事理，蓋善屬辭，洸洋恣肆、觸類旁通，每游戲出之，卒寓言也。於六經史傳之外別成一家者，爲神龍，爲騏驥，空靈振蕩，具有規矩；縱橫馳騁，具有準繩。故文得言外之意、意外之理。非肆莫能暢所欲言，文之肆即理之著也，推其理而知其肆，觀其肆而證厥指歸，斯得矣，豈徒賞其語言文字已耶？陶淵明采菊東籬，而見南山；黃山谷①賦水仙，出門而橫大江，此物此志也。牛鬼蛇神非所以學《莊子》，蛧蟲鷽鳩不可以讀《莊子》。

不惜字

前粵東彭督學②，曾出示專言"不惜字"一事，痛

---

① 黃山谷，即黃庭堅（1045—1105），字魯直，號山谷道人，洪州分寧（今江西九江）人，北宋文學家、詩人、書法家。其詩《王充道送水仙花五十枝，欣然會心，爲之作詠》有"出門一笑大江橫"。

② 彭督學，即嘉慶十八年任職廣東學政的彭邦疇，字春農，江西南昌人。

罵嚴明，當頭一棒！所稱經歷通都大邑，瞽者未有如粵東之盛，歸究不惜字故。每見途上多踐踏，或委阿堵間，有所激而發羅漢相，實慈悲心。然以理推，不惜字，瞽其宜也。更可恨者，以紹酒罈作溺器，溺於途，溺於家，溺於書塾。罈上字紅黑大印分明，印且三四，觸目甚，就溺者竟恬不知怪。市井輩固無足較，讀書人亦習而不察，污衊至此，不惟盲其目，并將盲其心矣。悲夫！

矮　人

天之賦畀於人，性一而體不齊。肥瘦各殊，高矮頓異，至若臟腑之宜溫宜涼，又因人之各適其宜而宜之。臟腑不同而其腸則無不同也，非受飲食之同，蓋長短同也。何言之？高者其腸與身等，伸而直，無所容其曲；矮者其腸過於身，盤而曲，無所容其伸。腸與心附，思由腸轉，有所籌慮，則由其曲而後能達。余年逾七十，閱人多矣。與矮者交，亦不一矣。市井輩固無足論，即一二讀書明理之士，其操行亦多不軌，因所識以及其所不識，雖不盡然，而未嘗不然。古稱南人柔而詐，北人剛而直；北人多高，南人多矮，即此可以類推。齊之晏平仲，矮人也，孔子稱之。是獨得天地之間氣者乎？

聾　夫①

　　五官之用，人所備具，有不足則爲憾人。夫憾莫憾於瞽者。夫子見之，必作必趨，矜不成人也。至若聾，未嘗無憾，勝瞽者遠矣。然而憨矣，無瞽之靈而有癡之病。癡則若罔知，覺憾何如也？時而群然喧笑，人之笑者一，而聾之笑者三。人笑而聾亦笑；究不知笑之云何，詢而知其云何，真覺可笑，復笑；群因而發笑，聾夫又因群笑而復隨人笑，此其所以三也。渾渾噩噩，所謂葛天氏之民歟？無懷氏之民歟？余今者實有類是。雖然，年已邁，尚能健論暢談，風起水涌，奈何聽之不聰也。余焉得無憾？

屠　狗

　　古之所謂屠狗者，多以俠稱，是皆感慨悲歌之士。任俠而隱於屠，蓋其性嗜殺，不得其平則殺，不獲常有所殺，屠狗以舒其氣。不然，何所不可業？藏器以待，有所激而後發，不亦善乎？胡爲以屠是居。雖然，庖丁

---

　　①　此條有作者自況之意。

解牛，協律中節，文惠君稱之。殺人而能合道義者，進乎伎矣。屠何害？竊念其奮不顧身，復讐洩恨，三代下不可無是人。宜史遷之非儒墨，排擯不載也；宜昌黎之送邵南，而致訪於燕趙間也。今之屠狗奚取焉？[1] 直下流市儈耳。吾不能無今昔之慨。

勿　藥

天罕生良醫，而生庸醫，有數存焉。《易》已預爲之防，使毋遭其毒，曰"无妄之疾，勿藥有喜"[2]。无妄之藥不可試也，其言深切著明矣。余數年前曾受熱病，省垣稱名醫者遍請，所診不謬，惟藥投益劇。將兩月，藥僅十餘服，絶食久矣，藥因而并絶。無以爲計，俟自悟，非清潤而滌除之物不爲工。取麥牙糖約二兩，老彝茶一大缶，罄盡，逾數刻，腸鳴腹響，夙痰悉下注，豁然貫通，藥不瞑眩而厥疾瘳矣。一二密邇醫士，未知其事，以予病必不起，訪予耗，然後知病之痊也。怪之，復詢醫者爲誰。告之者曰："老茶客、麥先生也。"問用何藥，

---

① 董邵南中進士後鬱鬱不得志，欲往河北一帶的藩鎮做幕客，韓愈勸他不要前往，作《送董邵南游河北序》。文中有"爲我吊望諸君（即燕國名將乐毅）之墓，而觀於其市，復有昔時屠狗者乎？"

② 出自《周易·无妄卦》。

復告以故。頓發一笑，曰："病奇，醫之亦奇。"然而非奇也，勿藥有喜也。

庸　醫

"庸醫殺人"，吾聞此言，忽若雷霆霹靂一聲，可畏可懼！古之良醫，以藥治病；今之良醫，以病就藥。此在病者之遭際，非醫者所能操其權險邪？否邪？夫藥猶兵也，不得已而用。用之者，其難其慎。審之而未得其確，退手可也，庶幾無大過，問心亦可少安。不然，而擅以藥投，虛實未分，危險弗顧，且膽之使其必服，何異以梃與刃殺人？罪無可逭矣。執法者誰？若輩得以坦然肆行無忌，薄福者應遭其毒乎？此中數固有所不可知者乎？悲夫！

論遷葬

營墳一事，本爲先人計，未嘗不爲後人謀。先人安而子孫必昌，子孫危而先人必廢，此相因之理。風水固不可誣也，惟其不誣，世俗之惑於風水①之見者益衆，每

① 風水，亦作堪輿學。堪輿學分陽宅風水和陰宅風水，前者是環境建築學有關，後者則與喪葬文化有關。

至顛倒錯亂，不及於殆不休。《記》曰：“君子以作事謀始。”① 慎始，即所以善其終也。今之葬者不然，期效預存於未葬之先，佽心復萌於見效之後。或因有所不足而圖其足，於是堪輿輩乘間揣合，投所好而使之必遷。遷之而無大過，幸矣。不幸則貽害無窮，迨至子孫淩替式微，筋疲力乏，雖有善者，亦付之無可如何。咎由自取，堪輿未嘗稍任其咎。余嘗嘆庸醫殺人，堪輿尤甚！何也？醫猶火也，殺人易見；堪輿猶水也，殺人漬漸，有不及知。荼毒莫此爲甚！於庸醫罪加一等。

冥　報

　　所謂冥誅之說，余始疑其事屬虛渺，因周某歷述其身受不諱，然後知惡無不報，冥即所以代明也。某素無行，然亦衣冠中人，或知之而不忍揚，或未深知而介於疑信，由來匪人比，而君子鄙矣。一夕，夢皂隸扣門，縲絏曳之而出。某詢故，隸曰：“無多言，應就戮。”刃其首，痛莫當。驚起，汗如注，拭項覺血腥氣，驗其巾則血淡而鮮，澣濯後項仍覺痛楚。越日告余，余曰：“此冥誅也，示儆烈矣。子宜速改惡從善，庶幾可以晚蓋，

---

① 此句不見於《禮記》，而是出自《周易·訟卦》。

不，恐將及禍。”至是，某亦遂歛迹而有悔心。時年將四十，壽至六十餘卒。

屈古樹①

俗有所謂屈古樹者，以其樹之古而更屈之也。枝之昂者使亞，直者使曲，剪剥修削，悉以鐵絲纏縛，或以層數，或以盤鬱穿插取勢，必令遂其所作而後已。試思：天之生物，各順物性之自然。若輩竟逆物性而罔恤天道，罪莫大！閩人，余忘其姓氏，精此技。觀其所植，大小高矮不一，索重貲，父子皆以此爲業。子彎一手一足，傴伃篿簇。詢之：“爾亦工此術耶？”其父曰：“精於我。我能使枝之盤鬱穿插，不能使樹之嶙峋結瘦，吾子兼備焉。”余誇之曰：“巧極矣，尚有子乎？”曰：“有，技益精，樹少可使老，老而能古，歲幸藉此糊口。不無憾，兩兒俱有胎生疾，體皆不完。”噫！余獨異天之報不於其身，而於其子孫，亦可云現身説法。樹猶如此，人何以堪？

修 癢

余曩經通都大邑，爲人薙髮者莫盛於江西儲潭。百

---

① 作者所述的屈古樹，是一種嶺南園林藝術。

家尤工修療，即粵之所謂"宣骨"，古之所謂推摩，胥是術也。向以此爲戲，適疲憊，姑試其技，果能疏泄鬱滯氣，使遍體舒暢。余偶一爲之，市井輩則酷好，可鄙甚。一日見作此技者頗異，與儲潭百家之技恍惚，可觀可聽。有法門靜板聲，撲背也；有摘鼓聲，椎背也；有折竹聲，修骨也。手舞足蹈，摩頂放踵，稱快焉。《莊子》論"庖丁解牛"，所謂"手之所觸，肩之所倚，合桑林之舞，中經首之會"，薙髮者其微有契乎？薙髮者豈知莊子，旁觀者隱見庖丁。

放　生

俗尚放生於海幢佛地，鹿豕龜鶴等類，不一而足。某女子亦效此，非他，鵝也，奇甚，恍與坡仙所云"雪衣女"同。[1]嗜觀音《般若經》，每聞持誦，必旁臥，肅然靜聽，聽罷即暢聲入，由來久矣。女子不惟不忍殺，復淨土置之。某爲余述之詳，嘉之也。余不覺拊掌大笑

---

[1]　蘇東坡在杭州，與穿白衣的官妓宴飲，東坡指着籠子裏的鳥説："如你能以此作一首鳥的詩，佳，則爲你脱籍。"官妓作詩句云："開籠若放雪衣女，長念觀音《般若經》。"官妓所用典出自唐代鄭處誨撰《明皇雜録》：天宝年間，嶺南獻白鸚鵡，通言辭，唐明皇與楊貴妃稱它爲"雪衣女"。一日，鸚鵡自稱夢見被猛禽所殺，明皇讓貴妃教它念《般若波羅蜜多心經》。

曰："得其所哉！得其所哉！"是亦子產使校人蓄魚於池也。鵝不聽經於女子之旁，而聽經於幢僧之腹，抑何親切而有味邪？

卷　下

狼　説

　　余少嗜異書，并喜窮庶物之變。辛卯酷暑時，異獸降，博碩肥腯，適從何來，遽集於此，旋占羅浮四百三十二峰，可謂能擇地而蹈矣。或疑其爲騏驥，或疑其爲饕餮，究未識爲何獸，莫之敢攖。群獸見之，俯首貼耳，搖尾乞憐，儼然獸之雄也。初，不甚爲祟，循循然，貪惡未彰。越數載，倏變而爲狼，夫乃知狼之老能掩其形質有若是焉。日者，屠人肩豕入市，遇諸塗，狼逐之。屠倉惶失措，竊念狼不過欲求吾所大肉耳，棄之可免害。狼得之，欣然。屠鋋而走險，失肉獲命，幸莫大乎是。它日又遇之，耽耽之視稍緩，且如群獸見之俯首而搖尾者，似有感於曩之所擲。屠因恃而不恐，雖走不疾。於是遍告諸塗人曰：“吾兩遇狼，如是如是。”不惟失肉不恨，反有德色。君子曰：“狼之爲性貪而狠，避之吉。屠幸而有豕，否則以屠代豕矣，可不懼哉？惜不逢中山道人，化其本性，導其中性，使之不爲饕餮而爲騏驥，不求大欲而求善地，歸正果，與麟獅犀象同游於佛國仙都，抑何快耶？不然，人皆欲得，而甘心焉？將食其肉而寝其皮，悔何及也！”

蟬　說

　　余故居大桐樹，垂蔭半畝，夏日輒盤桓樹下。樹旁有大蚯蚓出焉，蜿蜒跳躍，少頃勢緩，既而寂然不動。以爲物之有生有死，固無足怪。未幾，漸縮而短，始半尺，倏而徑寸。吾知其變也，知其變而別成一物也。知其變，正欲窮其變之情狀也。異哉！僵而復動，裂衣驟出，然後知其爲蟬也。猶未也，變蟬復蛻。蟬始成，麻衣如雪焉，由是白而黃，黃而玄，嶄然見頭角，一聲振羽而去，聲出重霄，抑何壯哉！嗟夫！天地造化變幻離奇，雀入水爲蛤，蛤出水爲鶉，鼠穿田爲駕，魚變虎鹿，桃蟲爲鳥，積蟲爲蛇，蛇作蛟，蛟作龍，瘖而能聲，蟄而能鳴，小而能大，蠢而能靈。它如不相類而相成者，莫可勝紀。區區一蟬，何變之再，而雲泥立判也。慨想《伐木》、《緜蠻》之詩，所謂"出幽谷"①、"止坵隅"②，蟬可比類觀矣。世之逐臭趨利甘菲薄者，日流卑下罔所覺，猶以爲得計，賢不肖何如也？

---

　①　出自《詩經·小雅·伐木》："出自幽谷，遷於喬木"。

　②　出自先秦佚名《綿蠻》："綿蠻黃鳥，止于丘隅。"

續　說①

人性不可變，而變則不可知。況物性之不可知，變而復變者乎？觀《山海經》及《齊諧》誌怪諸書紀載，或疑之，蓋所見不廣耳。蟬其小焉者也，物小而變異，前何污，後何潔，前何屈，後何伸，噫！善變矣。慎毋振羽朱門，笙歌錯雜，不同調，朱門亦厭之。日與松風鶴唳發響於泉石山林間，邀高人清聽，不亦善乎？

蛇捕鼠

蛇之爲性蠢而惰，鼠之爲性詭而捷，詭捷偏受制於蠢惰，是亦一異聞也。鼠見蛇，疾走易易爾，然而見之無不戰慄，詭捷莫逞。蛇遂卒然近以尾圈之，鼠益怖。蛇又從而戲弄之，目注舌舐再三，張口直吞。惟鼠大於喉，吞而復吐，吐而復吞，吞吐相尋，引而長矣，吞而不復吐矣，適捕蛇者至，以蛇僵敗無足取，尚目逃，拌之微動。或告以鼠故，然後知蛇過於飽而莫能曲也，入笠而歸。是亦貪之爲累，與詭捷者終不獲免。

---

①　此條是“蟬説”條的續篇。

擊　鼠

鼠無糧而生，藉人之糧以生。人反受其擾，詭所致也，故名之曰"詭鼠"。小人作事不端，以此稱之，即鼠而可以方人。余少時塾師，向晦晏息，鼠登帳動，以界尺奮擊之，撲地唧唧走。師入黑甜鄉矣，忽而帳墮蒙頭，起燭之，四角之繫悉絕，夫乃知鼠之詭有若是焉，鼠之如小人挾恨報復又若是焉。東坡之"橐鼠其黠"① 可異，吾師之擊鼠其嚙亦奇。

光蟲食壁虎

弱肉強食，此理之當然。強肉弱食，理之所無，而事之所有，非可以常論。蓋其相制相剋，可於光蟲食壁虎一事觀之。夫出不意，攻無備，可恃莫恃，適然被害。揆之人事，間亦有之，況蟲類乎？然未聞以弱噬強。恒制其命，虎之強又何以稱焉？噫！壁之有虎，即野之有虎也，復何懼？然遇光蟲頓喪其威，惟張口以俟。蟲入

---

① 蘇軾《黠鼠賦》，形容老鼠"嘐嘐聱聱，声在囊中"。

虎口，非垂餌也。搜其臟以出，虎敗矣。是豈徒失勢落陷阱已乎？然則强者不克恃强，弱者有時逞志。

犬捕蛇

犬之捕蛇勝於人。人每受其害，而犬則免害，何也？犬性狡，復知蛇性。隨獵者往原隰間，於穴之有蛇者，即狂吠噴鼻奮爪。蛇不堪其擾，且氣息内攻，不能遁藏。突出，犬稍卻，避其毒也。不遠即復，恐其逃也。衘其尾而不咥其首，倒以曳也。倒曳則骨節離，離則敗。若有所授而得其巧捷之機焉。①

捕　魚

余偶經城北大池塘，倏如風起水湧，漁者喧集而有以鼓之也。嘗聞漁人蓄魚，春夏放苗，冬間取之。適漁者張大網，自池之東拖而及於西。鼓時魚已跳躍，潛者悉浮，至是大掠，幾無遺種。籧筐列於旁，别大小各歸其類，過小者仍棄於池，揀擲快敏。余時目不暇給，嗜膾者攜稱錘以俟，貴其新舉網而鮮於市沽也。向未之見，

---

① 能捕蛇的狗是經過馴練的，被稱爲"蛇狗"。

亦一快事。昔魯隱公如棠觀魚,^① 其有取於是乎?

游翠微誌險

昔游澳門,趙孝廉任臣冬初備輿馬,邀往翠微訪王命書。道經關閘沙,歷長塹,趙馳先,余後。趙曰"橋也,接踵無虞",余隨之。趙馬捷,余馬至長板中,板曳,馬戰慄不敢前。策之益怖,欲下無駐足處,馬退數步,翻焉。前足跨崖,後足懸崖。余伏其中,危在頃刻矣。圍者疾趨至,亟執馬首絡,余一足壓於馬腹,急引出,止崖上。圍握馬鞭其尻,一縱而上。圍者曰:"險哉!險哉!君再世人也。請視橋下何物耶?"深數尋,水淙淙流,石巉巉出,余悉忘其所以。此中若有鬼神焉,不然,稍涉驚惶,魂恐不為我附,而膽亦遂破矣,其不隕幾何哉?或曰:"馬之不隕,人不隕也。人貴馬賤,賤獲貴者庇,徒一馬隕矣。"余曰:"不然。人生於世,碌碌而無所建立,與螻蟻昆蟲何異?死亦易易爾,寧獨馬耶?若或歸之數,人可幸免而馬亦可苟全,一草一露,皆上天好生之德,況其大者哉?"嗟夫!死生雖云有命,

---

① 《左傳·隱公五年》記載魯隱公將到如棠觀看漁人捕魚,臧僖勸他不要去,說君主這樣做是不符合禮儀的。但魯隱公仍以公務的名義前往,臧僖稱病不隨同。

匪自慎命，恐不我爭衡，咎由自取也。余幸而免，是非
君子居易之道，痛定思痛，數十年來偶一記憶，尚屬寒
心，敢云信之天乎？天生人勞苦，未盡者不死，故生不
足喜而死不足悲也。

湄　洲

　　湄洲，福建興化府莆田縣屬，相傳天后元君[①]飛升
處也。余曩駕海舶經此，曠覽連亙諸山，悉培塿土壤，
濯濯無足觀。惟湄洲一島，蔥蘢奪目，中建元君祠，四
旁石壁環繞，虯松千萬株，幹不大，依山高下疊生，自
石罅仰出，有萬笋朝天狀。洲面大洋，對岸林姓世其
家，無它族，元君寔生於此。聞少時好清靜，日往洲島
績麻爲事。靈聖自有夙根，殆預見是洲之異，而爲它日
發祥地耶？不惟此也，洲西偏石笋獨峙，高十餘丈，大
數圍，峰之顚形如錐管，前巉岩而突兀，後斧削而板
平，古色蒼然，駭心動目。僧曰：“此聖母昔飛升處也。
是日，天樂遙聞，異香遠播，元君遂淩雲而上，鄉衆悉
翹企莫挽矣。厥後屢朝靈迹之驗，按圖記而得其詳。”
余本莆田人，生長粤以來，未遂一返兹，幸睹是洲名

---

　　① 天后元君，即媽祖，傳説中的海神。天后廟始建於北宋，在福
建湄洲島。現在湄洲島的天后廟是全國重點文物保護單位。

勝，仰廟貌而心然惕之。《詩》曰："維桑與梓，必恭敬止。"[①] 余敢不加嚴翼乎？宗黨雖未及致詢，然偶與二三父老操土音，述遺事，亦可云曾歸故鄉，而慰夙願矣。

清遠峽

清遠峽，兩岸皆山，夾峙陰森，中流一綫湍而下者二十餘里。舟之行，穿巖走隙，疑無路，灣復灣焉。峽多神祠，過之焚錢燒爆竹，一聲響，山鳴谷應，若萬馬奔騰勢。沿崖紛垂瀑練，長短大小不一，大者有鞈鞳聲，小者有絲絃聲。夜泊靜深處，聞老人咳嗽，鸛鶴也；聞山鬼哀啼，猿狖也。目謀耳謀，各得其異。余數抵豫章河口，與武彝相距不遠，終未獲一游九曲爲憾，可於峽想像得之。

游平山堂

平山堂，維揚之豪華地也。巨宦富商，各構園囿以爲宴樂之所。點綴亭臺花木，磊石闢池，十里內雖分門

---

① 出自《詩經·小雅·小弁》。

別戶，然其谿徑自相聯屬，間築小廊移爲游人憩息，十數園作一大圍觀可也，舟游陸游咸稱快。余至時頗荒涼。其不甚寥寂者，十之二三耳。廢興之感，能無慨然？

姑蘇牡丹①

花之富貴者，推牡丹，然勢利亦莫過於牡丹。余昔游姑蘇，花時也。旅次，舊本數株一大缶，置廊簷間，其蕾半吐而始吐者，參差向背不一。告主人曰："富貴花，何置之閑冷地耶？"翌日，徙之閣中。恰爲余祖餞，備小清音佐筵。是夕燈燭高張，酒酣樂作，花嫣然競放，異哉悉向而不背矣。主人告余曰："牡丹此地非奇，吾十載於玆，未獲覯花之解人有若此者。春風得意，爲子卜先兆矣。"余曰："噫！熱鬧場中，不過博一時歡劇，何兆之有？"歸里後，依然故我，僻處一室，籬落間栽竹百餘竿、菊數種，冷露幽芳，清風高節，非若富貴花之與百卉爭妍也。

---

①　古時原無牡丹之名，以後始稱木芍藥爲牡丹，菏澤、姑蘇、洛陽爲著名的牡丹栽培地。牡丹的栽培起源在漢代，唐開元中始盛，明清時趨於極盛。

43

虎丘玉蘭①

　　花木以上品者貴，亦以地傳，虎丘之玉蘭是也。乾隆年間嘗聞敕賜"玉蘭王"三字，名益彰矣。余昔往游，瞥見大驚異。如張翠蓋，高聳數十尋；如綴瓊瑤，香聞二三里。花時，几席參橫樹下，游覽者茗碗茶鐺從事，好事者攜酒肴以游，絡繹不絶。一雅劇，亦巨觀也。余竊幸其得地而邀天眷，無虞剪拜傷，若或置之牛山②、櫟社③，非等諸散木同棄，而工則度之，又何稱焉？余私念益奢，欲移粵中三兩木棉，參植左右，杈枒挺拔可與蘭伍。當其盛放，紅堆火，白凝雪，蘭可稱王，而棉豈不足稱霸乎？

---

　　①　玉蘭是中國特有的栽培品種，在華北一帶廣泛栽培。虎坵玉蘭始見於明代陳序炳的詩歌："瓊樹迎春發，排枝拂佛寮。"

　　②　牛山，山名，位於戰國時期齊國東南部（今山東淄博），曾經樹木繁茂，至孟子生活的年代，已經因爲砍伐和放牧變成禿山。見《孟子·告子上》。

　　③　櫟社，爲祭祀社神之處，在《莊子·人間世》中，櫟社樹是作爲土地神被拜祭的樹，是"散木"，不能成材，無所用之，故能免於砍伐而高大長壽。

新塘挂緑①

　　粤東荔枝，種類甚夥，斷以增城新塘挂緑爲最。實大，色紅紫，緑一綫繞脯若色絲，紅緑分明可愛。土人畏差役之擾，斬伐一空。余不得見者四十年矣。增城湛司鐸稱其故交劉某家僅存一株，種溷厠之側最深處。予喜曰："熟時可分惠否?"湛曰："所獲幾何? 伊逢迎孔方兄，惟恐不及。初時以一匣獻，孔方食而甘之，令每歲始實，詳記其數，無論大小勿隱。劉某唯唯聽命。伊終歲勤動，一顆不敢入口。彼且不得食，我得食乎? 我不得食，子又欲因我而得食乎?"予爲愴然者久之。

羅浮蝶

　　羅浮蝶，大如扇如錚，五色成文不亂，山龍藻火，黼黻絺繡，無以過之。泊深林，宿晝不宿夜。土人日搜

---

　　① 相傳是明代理學家湛若水從福建抱荔枝核回到家鄉廣東增城縣新塘，培育出荔枝名種"尚書懷"，他的後代又從"尚書懷"培育出挂緑。挂緑是荔枝名品，僅存的一棵古樹今在增城西園，是中國農業遺産。挂緑經過博枝，已經繁衍爲一種荔枝品群。挂緑栽培史，楊宝霖《增城挂緑栽培小史》述之甚詳。

其繭，繰絲織就，謂之土繭，索重值。野產，非人所能蠶飼。好事者羅浮返，購丹竈坭、竹葉符、蝴蝶繭分致。繭懸壁或廊簷上，至時蝶破巢出，勃勃然不可遏抑。候而豐滿博大，必有偶，雄者誘雌，雌者誘雄，猝合莫知其所。由一而獲二，難禁其二而俱失也。得仙氣，不受閉藏，仍返羅浮深樹間。彼豈自知其文繡而令人誇美若斯邪？

大蟾蜍

蟲類竟有與人同好，好甚奇，酒也。省垣延壽寺大蟾蜍，古色斑駁，僧蓄之數載，不事樊籠，置長板大缸上，缸覆其半，盆石花卉錯雜，蟾止焉。隱而少現，聞酒冽則躍出大酌，一嚙罄盡。忽朱其背，鼓其腹，蜂其目，人其足，閣閣作數聲響，意若有所得也。可笑僧酒供物好，己絕不好。

跨門榕

《赤雅》載：古桂州城南榕門，蓋榕跨門而生，車馬轔轔，皆從榕根而出。以其異，故誌之。東粵省垣小南門之榕恍類是，而更有異焉者。根不著地，車馬從根下而出，榕亦跨門，惟薄雉堞北半面，下際空，上無土石，僅數層根穿石隙不遠，若盤踞焉。雖屢經暴風，百餘年來，安堵無恙。余每過，莫不惕然而爲之危。然歷久益茂，蓋有鬼神呵護之靈也。不然，雖根深蒂固者且不足恃，況其虛懸而絶無憑藉者哉！未審桂州之榕近復何如，而可與斯榕并傳否也？

三元道觀古榕

　　粤之木，莫盛於榕。木之翹楚者，亦莫過於榕。材不適用，故能閱永久以全其天。至其形質之美，以三元道觀殿旁者爲最。未詳所始，相傳二百餘年於兹云。曲而古，高而不抗，巨而蔭，翠而不雕。粤少霜雪，故獲與松柏并茂。不惟粤之喬木推其獨勝，余游騁所至，故國遺留者無出其右焉。觀省垣名勝地，地得榕而名益彰。凡賢士大夫、文人詞客，移尊暢叙者不絶，春夏尤盛。余少時與仲兄讀書於觀頂山齋，忽忽數十年，榕益茂而吾老矣。盤桓幾何，榕其未有艾也，可勝慨哉！回憶丁巳暴風夜作，喬木十去四五，訶林菩提[①]，智藥禪師所植，亦在劫中；觀之榕幸無恙。或存或亡之數，非物所能自主也。

---

　　①　屈大均《廣東新語》卷二十五："訶林有菩提樹，蕭梁時智藥三藏自西竺持來，今歷千餘年矣。"

鳳　泉

　　東郭二十里外，崇山峻嶺，其名蟠龍岡者，余先人合墓處也。岡之右，盤曲繚繞，山下出泉，流行坎止，其清澈鑑白髮。有光，隱然字迹於石，剔之有"鳳泉"二字。模糊幾莫辨，想其由來久矣。修竹遠近猗猗，竹，鳳所託也。泉之名，意在是乎？亦與岡之龍名并稱而誌其異乎？余友掬飲之，曰："美哉！冽而瘦，瘦而勁，可除煩渴，可沁詩脾，惜無具以挹之。"余曰："地僻而鮮行蹤，知其美者蓋寡。"相與裴徊不忍去。竊念《易》嗟井渫不食，[①] 楚狂嘆鳳德之衰，可爲斯泉寄慨。

春江樓

　　臺榭之築，以臨流爲勝。斯樓珠江環繞，雖無闌干十二，而風軒水檻，憑眺宜人。簾捲南窗，涼生北牖。日與珠娘嬉游其間，笙歌絃管之聲與耳謀，粉白黛綠之色與目謀。它如旖旎薰香，酒痕花氣，又莫可名狀者，

---

　　① 《周易·井卦》："九三：井渫不食，爲我心惻，可用汲。王明，并受其福。"比喻潔身自持而不見用。

宜於晝更宜於夜也。乙亥仲夏，友人以"春江"二字名樓，屬余題額。其殆春色、春風、春情、春思，悉歸活潑潑地以繪於斯樓邪？余遂援筆識之。

陳　園

省之南河陳園，土山旁大樹繁蔭，相傳數百年物也，宜載粵誌以紀樹之最壽者。樹古而根益奇，盤錯拳曲，透漏疏通，如石之有穴焉，如虯龍之偃仰焉。其下可置茗具，可任箕踞，無事几席。山頂蓋小亭，亭堪四顧，東則海幢，梵音鐘磬時聞；北則珠江，絃管笙歌間作。由西而南，樓臺遠近，濃陰隱隱。盛夏時，暑退避矣，納涼之地無逾於斯。不數十年，主人流離遷徙，孰知竟若是其濯濯邪？不災於天，而戕於人，樹何不幸至此？吾於殷仲文①之慨，彌增嘆惜矣。

---

① 殷仲文（？—407），東晉南蠻校尉殷覬之弟，年輕時就很有才華，爲世所重。桓玄作亂時曾前往投靠獲重用，桓玄失敗後仲文復歸朝廷，感慨院中槐樹雖繁茂，却已無生機，實是慨嘆自己不得志。事見《晉書·殷仲文傳》。

棉　園

　　棉園，昔邱姓所築，構於羊城之西。臺榭、花木、池塘、丘壑，各得其勝。最大觀者，古木棉也，因是以名其園。內分八景。主人好客，客之來游者衆，徵八景詩，至累千百十，稱盛焉。後爲蔡某所有，修補破敗，小更易，復煥然一新。而主人亦風雅士，邀予兄弟讀於巢葉山房。夏時折荷雪藕，冬時捕魚作膾，品四時花，結文社會，不減昔日邱園之雅集也。未幾雲散風流，棉已失，池若竭，破瓦頹垣，遂成荆棘丘墟壟畝矣。廢興瞬息，欲談前事，竟無人焉。能勿根觸而傷感邪？

驛亭柳

　　粵省垣城西海旁置驛亭，亭之外花柳地也。或舟或杙，問柳尋花者，絡繹不絕。謝南村居守之。南村雖武弁，工詩，騷人逸士輒過訪。衙齋前遍植楊柳，人號爲“細柳營”。詩酒紛投，絃歌間作，粉白黛綠，非其尤者不得入座。卜夜不卜晝，以避日之喧也。詩人黎二樵喜柳色新抽，賦《新柳》詩十詠，有“入簾黃葉病將軍”之句。謝曰：“句雖工，第以余爲病，何其誣？易之何如？”黎曰：“子不病，予詩不佳。子寧受誣，毋使予割愛也。”舉座爲之一笑。

石中書畫

省東出崇墉十里，有所謂鄭仙巖者，相傳安期生得道處也。上有月谿寺，其旁大石挺立，平列正書曰“亦得所”三字，大如斗，甚有章法。吾以前人留題，逼視，非刻非畫，石蒼然而字色白，白者石根也。不惟字異，畫亦有奇者。粵山大士案下大赤石，蓮迹如繪，亦石根也。花葉蕾幹悉具，雖善畫者無以過之。仙耶？鬼耶？仙能點石，自有化工；鬼有鬼工，或神其伎，然皆屬懸擬，不足據。夫乃知石之異猶窑之變也，任其自致耳，吾獨怪不變。其怪狀而偏以書畫見，若人事爲之，益見其怪。世之不善變者，石不如也。

仙巖之石，匠行爲余言，粵山之石，余爲匠行言。拉往視其石，塵土如積，迹莫辨，箅畚悉堆石上，以案幃閉之。余曰：“宜清宜潔之地，兹所堆者何物耶？石胡不幸至此！”擬異日往掃除再觀。僧曰：“俟春夏時，有潤濕氣自見。”彼不以洗濯爲念，而委諸天時，且污褻甚。佛無火，余之火代佛燋矣。詢其僧何名，曰：“能容。”予曰：“寔不能容。”

鼓　歌

《易》云："日側之離，不鼓缶而歌，則大耋之嗟。"①余將大耋矣，有缶而未暇鼓，鼓而莫能歌，何其不自適而鬱鬱若是耶？或曰："子曠達流，素不爲俗累，宜鼓宜歌'時乎時乎不再來'。"余曰："噫！吾亦不解其故也。歌不成聲，類賦《由庚》；鼓而未快，類擊築、擊唾壺，有俠氣，恐致夙憤。舍之缶，不鼓而歌，亦可不作。"吾於陶淵明《歸去來詞》、《五柳傳》有竊取焉，所云"息交絕游"，及"著文章自娛，頗示己志"數語，余近得之，惜不能如淵明之嗜酒。且復兩耳重聽，欲暢其談諧，而無可與語者，惜又不能如東方曼倩②之游戲。二子有知，將以吾爲友耶？爲徒耶？抑笑余之愚，而昧於鼓缶而歌耶？

擲　缶

神之爲靈昭昭，吾不知其前之爲何如也。神之爲靈

---

① 出自《周易·離卦》。

② 東方曼倩，即東方朔，字曼倩，漢武帝時人。善於以詼諧的語言勸諫武帝。事見《史記》、《漢書》。

昭昭，吾不知其後之爲何如也。惟余當困極時，情之所發，誠之所感，物之所觸，事之所異，獨於缶之一擲焉。見之缶激石撞甓，宜無存矣。時除夕，余母祀竈，起撿視，缶如故，瓢亦無恙，母子憂變爲喜。母曰："否極泰來，此其驗也。"是亦吾母素好善而宿敬神明，於未擲已擲，神已預爲之兆乎？入春後，困漸舒，由此無往不利，詎非神之爲靈昭昭乎？

貸　餅

余素嗜寒具①，與桓玄異趣。桓以讀畫而畏其污，余以適口而嘆其美，意各有在，非物之不足於人也。具以餅爲之。近乏作餅具，無以繼，乞諸其隣。然非與醯比，不欲以口腹之欲貽隣人譏。曩見某數大筐曝於庭，吾言："冬前有此，便是安樂人家。"異時札往貸，無亦哂余曩言爲致索地邪？噫！匪索而貸，毋以貸爲索。某雖不屑屑計，余鄙蹈貪名。或以余與魯公乞米②同類，而共笑之，則幸甚。

---

①　寒具，一種油炸的麵食。劉宋檀道鸞《續晉陽秋》載東晉桓玄愛收藏書畫，常向客人展示，因客人食用寒具後賞玩書畫會留下油污，桓玄此後不設寒具待客。

②　魯公，即顏真卿，封魯郡公，人稱顏魯公。顏真卿因舉家飲食維艱，向李太保寫信求米，這封信被稱爲《乞米帖》。

乞　説

　　凡人不能一無所好，有所好則有所貪，貪不得則乞。
此世俗之常然而無足怪，但觀其所貪者何物耳。酒、茗、
花、木、果、蔬等類，雖貪不俗，凡莫能購與未暇購，
無害於乞。然亦視其所乞者何人耳。泛常之交，予乞者
多吝，往乞者徒勞。即一乞亦自有別。昔君謨①乞筆，東
坡乞花，② 此文人韻事也。至若子胥③乞食，魯公乞米，
阮籍乞厨，④ 是皆賢豪曠達之士，不得志於時之所爲。余
乞昧於時而取悔，一花一果，乞莫能致，可慨哉！《論》
曰：“如不可求，從吾所好。”求猶乞也。第吾所好，有
愧於古人之遠大：所好者游，今老矣而不能游；所好者
酒，量狹而不任酒；所好者談，聾甚而誰與談？自有之
好，且莫遂其好，謂之一無所好可也。乞奚爲？年來迹
同大隱，居陋室，橫烏皮矮几，烓博山鑪，作不求甚解

----

　　① 君謨，即蔡襄（1012—1067），字君謨，福建仙化人，北宋政治
家、書法家，所著《荔枝譜》是重要的荔枝栽培史文獻。
　　② 蘇東坡有《賞心十六事》詩曰：“乞得名花盛開。”
　　③ 伍子胥，楚國人，春秋末期吳國大夫、軍事家。他爲逃避政敵
的追殺，在路上乞討。事見《史記·范雎蔡澤列傳》。
　　④ 阮籍聽説步兵兵營的厨房貯美酒數百斛，求當步兵校尉，以便
飲酒。

文字，字訛亦不知撿。餘則胡床獨坐，閉目捻珠，昔欲仙，今竟作佛矣。余亦忘其所以然。

荔　癖

　　果產四時，無逾於荔枝。好者匪獨一人，然未有好之癖如我者。有酸食、甜食、鹹食。酸食，喜其新也；鹹食，取其耐也；至甜食，放意肆志，雖不能如坡仙所云日食三百顆，而朝饔夕飧外，手擘無算。當盛熟時，提筐挈樶，致饋者日接踵，知已投予好也。大石、小欖、增城、新興異其地，黑葉、進奉、田巖、桂味異其名。惟挂綠最佳，缺此爲憾耳。堆案下，懸壁間，豐甚，得此可辟十日穀①，或半月。逾時，人無所得，而我獨有之，鹽貯者也。微鹹而質不壞，亦可半月。同好邀游荔枝灣，訪紅雲宴②故事，風流歇絕，餘韻尚悠然於心目間。

――――――――

　　①　辟穀，古代道家的養生法。道家認爲不吃五穀只吃茯苓、淮山等就可以達到修道成仙的目的。
　　②　南漢國後主劉鋹在荔枝灣擺宴，以荔枝爲主食，女子歌舞助興，號爲"紅雲宴"。荔枝灣，在今廣州荔灣公園旁。

奇　方

昔言"人有善念，天必從之"，又曰"人之好善，誰不如我"。乃知善可格天而感人。夫施藥亦一善舉也。余先君恒製丹膏丸散以備給求，求之甚眾。日者，老成人款門，閽人詢其姓氏，不答，但曰："持此致主人，便曉。"閽人竊異其狀貌，使少待入告，即請見，渺矣。所致者藥方，無名目，列二十餘種。雜催生藥、三兩草頭類，訪之久始識。炮製詳備，遵合之，有難産者，一試即驗。如是遠近悉知之，服無不效，效無不速，咸以仙丹名。噫！老成人其果仙乎？抑好善者特以方授先君，使之廣其利濟乎？均莫辨，惟其迹之幻、藥之神可異耳。

先府君隱齋公暨胡太安人事略

府君隱齋公，壯歲攜眷由閩來粵，始生余兄弟八人。前母無所出，繼娶親母所出者三人，余居季；異母所出者五，女弟四人。父歿於乾隆丙申年八月廿九日卯時，年七十有三。母歿於道光甲申年十二月十五日卯時，年九十有七。是年不肖七十有二矣，兄弟胥亡，猶騰此煢煢老嬴，董喪葬事，殆天之厚余母而憫不肖耶？府君素耿介，仗義好施，善炮製藥物，有可濟世者無不備，遠近求者甚衆。最喜余兄弟讀書，它子弟能讀書者亦愛之，至則必有所款，非讀書者不敢踵門。兄弟循循然有規矩，鄉黨中戲稱爲"八駿"。閑常好蒔花木，有牡丹之異。另記在後。敬神明，而於都城隍神尤加謹，每朔望必詣祠叩祝。時謀重建祠宇，紳士邀府君共事，辭以疾。紳士志在洋商，知府君與洽，詭曰："余等亦知老年人疲於奔命。惟此重大事，欲得有品望者爲之倡，斯足取信四方耳。"府君揣知其意，遂慨然以爲己任。瞰商衆集洋務公所①，往求助焉，曰："此閣省正祠，人民咸賴，非大力者襄之，未易圖成，是所藉於群公。"各裴徊觀望，既莫敢却，亦莫敢先。府君勃然曰："余貧，人所共知。竊欲勝余萬萬者，隨余不及萬萬者之助，可乎？衆窺某即勉力亦能幾何？"答曰："既如是，謹受教。"府君展簿曰："請題。"衆請，先公府君曰："余僭落筆，勿怪。諸公幸毋食言，神明實鑒在兹。"於是研墨濡毫，直題曰"黃某喜助工金一千兩正"，復昌言："某倘交不足，欺神欺人！子孫不昌！余非好名，有所見也。余生八子，千金分給無幾，或好博者，燭不及半而區區耗矣。願諸公察

---

①　清朝道光年間，英國人傾銷鴉片，中英之間的戰爭由是而起，洋務因此而興。黃景治記此事时，戰爭尚未發生，而洋務公所已建立。

之。"舉簿授潘君文巖①，屬鼎力。潘曰："君力薄而能若是，我等豈敢違命！況此善舉尤宜加厚。"後雖未悉如所請，亦罔敢泛爲酬應，不及數者，亦已勉力矣。府君實非有餘，所見者大，睥睨一切，氣焰足以攝之。余失怙已四十餘年矣。回憶少壯時，深知母經理家務，刻無寧晷。府君一飲一食與款客者，必親自撿點，未許代庖，始終匪懈。素儉樸，敬老慈幼，恤寡憐貧，於貧者不俟其啟口，即私有以致之。至虔事神明，與父無間焉，月持素食者半。待奴僕嚴而不刻，內外之別井然，故余父向遠游而無內顧憂。母之勤劬亦已極矣，宜有以俾老年人寬閑逸豫，稍慰疇昔黽勉之勞。然而母仍以家計日繁，恐爲子者老而莫支也。且數年來兩目失明，益鬱鬱不樂。甲申入秋後，母食漸減，診視無病，惟胃氣稍弱耳，精神亦未甚憊。顧自知其不永也，所存各物，分給於密邇者，親疏有差，胸中了了。語不肖曰："汝素善惡分明，又不肯苟合於世，貧賤其宜也。但能守分安命，亦復何憾？余年九十有七，孫曾繞膝，兒媳俱七十餘，而克送我，老天之厚汝母而憐汝，豈易得哉？數當盡，汝可毋過哀。吾亦快然長往，惟願汝自愛足矣。"不肖泣而識之。嗚呼痛哉！

---

① 潘振承（1714—1788），又名啟，號文巖，是粵商的代表，清代最傑出的中國商人之一。

前母倪姓，葬於石牌田心崗①。繼母與異母俱胡姓。父與繼母合墓，異母下一穴，山名蟠龍崗，墳塋穴向，各勒石以誌。

先君手植牡丹

先君入粵，攜寶刀自隨，廣交游，喜施與。凡物之可珍可貴者，一無所好，至若花則無不好。好則蒔，然獨不蒔牡丹。蓋粵中牡丹始花不再，愈年而衰，三年而萎，遷地而弗能爲良也，雖假郭橐駝手無所施其技。倏而告人曰"牡丹移粵，竟有遲至三載而花者"，誰其信之？先君於乾隆壬申年春，賣花者踵門，時花滿擔，旁雜牡丹一苗，先君曰："此何用?"擔者曰："人棄我取，人取我與，不求值也；以貽主人可乎?"先君笑而納之，曰："雖不花，葉可愛，姑置之花塢間。"越年無異，至三載時而抽芽，以爲故態復萌爾，孰知有出於意想所不及料者乎？突其頂，新剝雞頭然，後知其爲蕾也。蕾壯而花日巨，嫣妍綽約，峻萼奇葩，未盡吐而大如碗，若大本之所折而樹焉者。由是賓朋來觀，莫不稱奇，奇其

---

① 石牌，今爲廣州北郊，原多爲葬地。1928—1936 年陳濟棠治粵期間，在石牌葬地上建國立中山大學。今爲華南農業大學與華南理工大學所在地。

苗之三載而始花也；莫不稱賀，賀其必將有慶而先兆也。是年余兩母果生余兄弟兩人。余兄弟共八人，少時謬博鄉評，先君之期望奢矣，延師教讀，常勉勵以牡丹故事，余耳熟得而詳言之。竊嘆瞬息數十年間，兄弟胥亡，余又不克仰體父志，其抱憾爲何如耶？牡丹之兆無靈，寶刀之遺已失，徒膡此無用軀，亦遂鬱鬱老矣。夫復何言哉？乃嗚咽而爲之記。

仲兄神異

余少與仲兄出就外塾，兄苦志讀書，過勞，遂得疾。居家調養，未兩載，將淹淹不起，屬余曰："爾毋廢學，且有厚望，宜善體親心，毋戚戚。"兄既逝，翌日於神龕後得手書，歷敘其歿前一夕所夢：役隸輿馬紛紛至門，詢之，役曰：我等奉命恭迎，卜日榮任云云。然兄已預知其兆，惟隱而不言，至是復書夢事，并徒說夢，亦以慰高堂而安余季也。然抑有奇者。吾弟乳媼之兄，自連州返省。將曙，道上遇從人甚衆，若隱若現，其輿中官長酷肖黃某，疑非人也。私揣連州城隍祠落成，而神升任至此耶？終莫釋。抵省，即至訪耗，并述所見，恰吾兄歿後時也。時既符，貌無異，且遺其書，神之昭然不誣矣。媼兄始而吊，繼而賀，悲喜交集。余疑信半參，仍未得其確。第念吾兄智慧過人，遇事以理斷，交友以不欺，無愧乎《傳》之所云"聰明正直而一"① 也。一者，神也，何疑焉？兄諱廷琛，字璞軒，郡庠生，歿年二十有四矣。傷哉！

一家言

余妻妾前後共五人，存者三。惟居四王氏可任，家事一埤是遺，數十載操持作苦而不憚勞。妾素嗜書，有疑輒問，非忠孝、節義、警世、垂訓之書不觀。東周唐宋數大傳，了了於胸。古之捨生取義、殺身成仁者，讀之無不愴懷，甚而垂涕，至性所感也。至其貧乏必賙，不俟啟口而無吝惜，有吾母風。余年七十有二矣，未卜歲月幾何。子職了，雖死無憾。兒孫自有兒孫之福，能守己安分，貧賤可無憂也。惟所屬於子者，是母無所出，它日宜葬汝父墳塋側，庶幾無負其生前作苦，死亦得所憑依，可謂仰體父志，而無忘順命矣。

木棉子

田念九，閩人，名京台，自大其字也。與余爲莫逆

---

① 出自《左傳·莊公三十二年》："神，聰明正直而一者也，依人而行。"

交。暮年繪圖，屬余取號，跋其後，俾攬者略識其概云。余曰："古者六十有號，今子年逾七十而未得號，是余之責也。雖然，子之號非可泛稱，必令子狀貌精神意氣俱出，庶無負所請。烏乎！宜吾恍於木棉遇之。子之俯視一切，木棉之上出重霄也；子之踞傲骯髒，木棉之杈枒突兀也；子之困頓勞瘁，木棉之沐雨櫛風也；子之老於牖下，木棉之無用於世也。《記》曰'儗人必於其倫'①，吾於不倫中而得所儗，是豈繪圖者之所能繪耶？"由是人呼木棉子，而知爲田念九也。余復作歌以贈之。

歌曰：田子矍鑠而清癯，人知其智而未識其愚。不學文而能文，不學書而善書。軒軒霞表，神動天隨。良工莫之顧兮，而骨節崚嶒。搔首仰天以舒嘯兮，任人呼我以攀枝。

阿魏論②

世稱阿魏之製，蜂擁羊而成，余未深考，但論其質之有可取者。味臭而能辟臭，得正氣焉；辟臭而自成其臭，有大力焉，迥不與凡臭等。夫世俗之所謂臭，有始

---

① 出自《禮記·曲禮下》。
② 底本原作"論阿魏"，據底本目錄改。

於臭而終於不臭者，有臭而終於益臭者。人得以其臭臭
之，所謂凡臭也，皆不得謂之真臭。魏真臭矣，性侔薑
桂，質殊酸鹹辛辣，而混於五味中，怪異而出於五味外，
始終不變。獨嗅有難乎？其爲嗅不可謂非臭也，然而凡
臭有所不敢犯。魏出而凡臭忘，魏藏而凡臭著。若或畏
之，莫或置之。世無凡臭，不必有阿魏，有阿魏，何患
有凡臭？凡臭多矣，則魏尚矣。魏不自掩其臭，非臭無
以見魏。孔子云“惡而知其美”[①]者，當於此辨焉。

阿魏子小傳附

　　阿魏子，不知何許人。不學佛，心即佛；不好仙，
身是仙。寧神以居，任天而游，其和不惠，其清不夷。
油油焉涽迹闤闠之中，襁襫子觸熱至亦弗拒，時時共飲
食出入，游戲笑語，少無禮，如聾弗聞、眇無見，以故
人亦樂從之游。漸狎習，若稍逾分，且欲孩而侮之。獅
子踞地吼，一聲震天，兩瞳裂眦，鬚髮一一上指，大呼
痛罵，雖不用張子房博浪沙椎，當頭一棒，若輩舌長一
尺，莫不鼠竄而去。居常不以姓氏示人，恒自稱阿魏子
云。阿魏之爲物也，臭而猛，苟觸鼻觀，令人嘔五臟六

---

　　① 出自《禮記·大學》：“故好而知其惡，惡而知其美者，天下鮮
矣！”

腑、三焦七竅穢毒噴出。一遇諸惡臭交集，穢不可解，
雖有辟邪香弗能止，阿魏則大發神奇，其馨上聞，達於
帝庭，乾坤之氣爲之一清。阿魏子取以自號，有由來矣。
《書》曰："刑期無刑"①、"辟以止辟"②。醫家刀圭，亦
有以毒攻毒之法，不得已也。紫皇時而乘六龍，游八埏，
問下界民生疾苦，必招阿魏子置左右，曰："此吾禦侮之
臣，可能被除不祥。"於是出入三十三天，不聞人間惡
聲，不見人間惡色，所謂"香案吏"是也。劉華東

阿魏跋附

　　蕕不能薰，性也；蕕不終蕕，失其性也；蕕不能統
衆蕕，性不全也；蕕不能禁制衆蕕，性之用弗靈也。阿
魏子，蕕矣。有阿魏子，衆蕕伏矣。故人誚阿魏子蕕，
阿魏子恬然受之，而竊笑凡蕕之瑣瑣也。夫檳榔出瘴鄉
而辟瘴，香薷混毒菌而辟毒。獅象不尚猛而攝群猛，菩
薩腳力也；孔鵬不逞鷙而屈群鷙，如來護法也。阿魏子
入華嚴香海，無所用之，一遇穢惡，化爲淨名，是又何
等妙用乎？里甫居士與阿魏子交，不聞其蕕也。讀阿魏
子論，而申言之。謝蘭生

---

　　① 出自《尚書·大禹謨》。
　　② 出自《尚書·君陳》。

　　騷人以香草自喻，而阿魏子以阿魏自名，異矣！阿
魏子倜儻負奇氣，鄙世俗，齷齪於阿魏奚取焉？然余謂
世特恐無真阿魏耳。真阿魏一出，而羣臭皆伏，是何異
指佞之屈軼、觸邪之神羊哉？劉彬華

　　阿魏之氣味穢矣，人皆謂其能辟穢。夫以穢辟穢，
猶醫家治病之法，以毒攻毒也。己之氣味不變，凡氣味
之與己相類者能遏抑之，使人不復聞其氣味，不意物理
有此怪異。梁藹如①

　　《阿魏論》，湛塘先生有所感而作也。以生峭之筆，
發奇闢之論，化臭腐爲神奇，所謂語不驚人死不休者耶？
獨怪世人多阿魏，而先生非阿魏也；世人之文多阿魏，
先生之文非阿魏也。讀是論者，貴得法外意。蔡超羣

　　道光丙戌，予寓硯訶林。仲春朔午，鐘纔動，芬風
襲戶，作篤耨旃檀香，湛塘先生適攜此卷至。昔范蔚宗②
撰《和香方》，零藿、蘇合俱作貶詞，“沈寔易和，盤③

------

① 梁藹如（1769—1840），字遠文，號青崖，佛山順德人，清代書
畫家。廣東省博物館藏有他畫於道光八年（1828）的《溪水深秀圖》。
② 范蔚宗，即范曄（398—445），字蔚宗，順陽（今河南淅川）
人。劉宋史學家、文學家。所撰《和香方》是我國香學史上第一次提出
“和香”的概念，即把不同的香料和合在一起的銷香之法。
③ 盤，范曄《和香方序》作“盈”。

斤無傷"，取以自况。先生獨冒穢名以辟諸穢，與維摩現病身説法①奚以異？蔚宗所撰適見其小耳。先生此論，字字皆旃檀香也。予將以薔薇露盥手讀之。梁序鏞

舜有膻行，阿魏殆舜之徒歟？昔人謂海濱有逐臭之夫，似不可解。讀此，始悟其人定非凡臭也。培芳②

"雲山經用始鮮新"③，夫物亦有然者也。昔韓昌黎《進學解》，雜引藥名，遂使牛溲馬勃得與玉札丹砂并垂典故，可不謂幸歟？今湛塘先生特爲阿魏作傳，更非隨意雜引者比，而阿魏之名乃大著，書此以賀阿魏之遭也。吾因是有悟矣：鼻之所觸，有時而臭，有時而香，何以大造爲臭，而生辟臭之阿魏，不聞阿魏之外復有所謂辟香者？信乎天道福善而禍淫，宜乎《易》理扶陽而抑陰。甄天民

阿魏子讀書而不迂，廣交而不諛，與雕龍炙輠爲徒，惟松滋虚中是娱。不夷不惠，亦墨亦儒。長身而目炯，甚口而貌癯，入門驚座以披靡，捧腹大笑而胡盧。嗟余

---

① 《維摩詰經・方便品第二》："維摩詰因以身疾，廣爲説法。"這是一種爲了教化衆生而作的示現。

② 培芳，即黄培芳。

③ 此句疑出自唐代王建《上李益庶子》詩："奇險驅迴還寂寞，雲山經用始鮮明。"

睢睢而盱盱，擁皋比而濫竽，舌敝耳聾而煩紆。《孟子》曰"人之患，在好爲人師"，阿魏子其免乎？鍾啟韶

　　香臭有一定者，有無定者。其一定者禀之天，其無定者由於人。劉邕①食瘡痂而味似鰒魚，鮮於叔明②食臭蟲而香兼五和。彼其視椒蘭醴酪若化人之視穆王厨饌，皆腥螻矣。③然則香臭亦胡有常哉？阿魏子能辟凡臭，此必有真香存者。特不欲以香媚人，人亦無從而得其真香所在。故群目之爲臭，而阿魏子亦若樂以臭鳴。嗚呼！此其天邪？抑人爲邪？今天下之逐臭者衆矣，雖百阿魏無以辟之。阿魏子亦全其天而無變其初焉，可也。張杓④

　　論之意義透闢，似不必爲阿魏復作贅疣。閱之快心洞目，如覽阿魏子小照，鬚眉畢見，形神酷肖矣。至其筆之縱横挺拔，夭矯莫測，爲風、爲電、爲騏驥、爲神

---

①　劉邕，劉宋時人，每到一處喜好吃人身上的瘡痂，覺得它的味道像鮑魚。事見《宋書·劉穆之傳》。

②　鮮於晉（693—787），字叔明，閬州新政（今四川儀隴縣）人，又稱李叔明。喜食臭蟲事見《太平廣記》卷二〇一引《乾饌子》。

③　《列子·周穆王》："化人以爲王之宮室卑陋不可處，王之厨饌腥螻而不可食。"

④　張杓，字慶璿，又字磬泉，浙江山陰人。幼隨父至廣州，入番禺縣學爲生員。嘉慶十三年（1808）年舉人。掌教香山欖山書院、南雄道南書院，三赴會試不中，大挑二等，授揭陽縣學教諭。

龍，恍兮惚兮，又儼讀漆園①一篇生面文字。平銓

天下莫不知有阿魏也，而不知阿魏之所以爲阿魏。天下莫不知有阿魏之臭也，而不知自有阿魏之臭，乃群失其爲臭。顧天下特患無真阿魏耳！真阿魏而薌者悉化，無所庸其逐臭焉。是故世無臭可不必有阿魏，世無真香以辟臭，不可不有阿魏。芝蘭之入人深，不若阿魏之移人速也。則謂阿魏爲群香之祖焉可也。語曰：黃芩無假，阿魏無真。阿魏子其殆阿魏之真者也。余愛其論之詳也，故不復云。梁信芳②

菩薘③自苦而不以苦人，阿魏奇臭故能治惡臭。君子自處不可不做菩薘，君子之處小人不得不做阿魏。喬松④

湛塘先生紉蘭結茝，摘艷薰香，文采風流，輝映時

---

① 漆園，即莊子，曾爲"蒙漆園吏"。見《史記·老子韓非列傳》。

② 梁信芳（1778—1894），字孚万，號薌甫，廣東番禺人，嘉慶十三年（1808）舉人，部試不中，遂絕功名，以教書、吟詠辭章爲樂。在三元里抗英鬥爭中，有長詩頌之，所作《牛欄岡》可與張維屏的《三元里》媲美。

③ 菩薘，即苦瓜。可以蔬食，也可以曬乾爲中藥。

④ 喬松，應爲黃喬松，字鑒仙，號蒼崖，廣東番禺人。貢生，官雲南鹽課提舉。有《碧鯨樓嶽雲堂詩鈔》。

輦。生平嗜思翁①書，晚歲益窺堂奧。所著《阿魏論》，具慈悲心，示真實相，而書法空靈渾脫，進止自如，深得思翁三昧。後之攬者，誦其文，玩其書，阿魏子以傳而阿魏子之書亦傳。潘正亨②

世皆言阿魏能以臭辟臭，余獨謂不然。阿魏惟不臭，故群臭無所用之。虎攫躍伏於獅吼，畜氣薄也。余嘗遇阿魏衆香國中，阿魏且淡然不自見。嗚呼！此所以爲阿魏哉？曾釗③

阿魏子之作《阿魏論》也，其莊周之寓言邪？抑何親切而有味也。其謂阿魏能以臭辟臭，而自成其臭。阿魏其果得臭之正氣邪？其不失臭之真性者邪？則凡天下之物，得正氣而不失其真性者，皆得見重於阿魏子矣，又豈獨一阿魏而已哉？謝景雲④

①　思翁，即董其昌，詳見前文黄培芳序注。

②　潘正亨（1779—？），字伯臨，號荷衢，廣東番禺人，乾隆間拔貢生，是十三行商人潘有度的長子。弱冠能文，以善書名，尤工詩，有《萬松山房詩集》。

③　曾釗（1793—1854），字敏修、勉士，廣東南海人，文獻學家。阮元開學海堂，以釗爲山長，著作有《周易虞氏義箋》等十多種。《清史稿》有傳。釗好經濟，有《炮臺形勢議》，於虎門防衛有助。

④　謝景雲，廣東南海人，貢生。

與善人居如入芝蘭之室，久而不聞其香。而阿魏乃以臭特著，與芝蘭異矣。然於群臭畢集之時，芝蘭且無能爲力，而阿魏大有功焉。熊景星①

芝蘭生空谷而益見其香，阿魏觸邪穢而益形其正。豈炫奇於共見之時耶？夫必待觸之而始正，是備物太甚者，其中不足也。吾獨怪乎人於觸穢之時識阿魏，而不於眾穢不集之時識阿魏之正也。范如松②

湛塘先生與先君子角逐文壇，余時尚幼，未知有先生也。及稍長，從諸長老游，先生已棄舉子業，故得親顏色之日少。余夙喜先生書，深得戲鴻③之秘，嘗於楮墨間仿佛其爲人，仍未有以知先生也。數載前集同人寓齋，熟見先生言論風采，始得先生之貌。今讀《阿魏論》，而後稍得窺先生之心。世道人心之責，慨然起而承之，伊古蓋難其人矣，況於其身以善世者乎？竊謂先生之論阿魏，阿魏有知己也。先生之所以論阿魏，阿魏恐未知先

---

① 熊景星（1791—1856），字伯晴，號笛江，廣東南海人，能武藝，善書畫，工詩、古文，嘉慶二十一年（1816）舉人，官開建（今肇庆）教諭。後任學海堂學長，受阮元聘修《廣東通志》。有《吉羊溪館詩集》、《題畫詩》等刊行於世。

② 范如松，字君喬，廣東番禺人，道光十二年（1832）舉人。有《書三味軒詞稿》。

③ 戲鴻，指董其昌所輯《戲鴻堂帖》。

生也。然則余讀《阿魏論》，又烏足以知先生？位清①

　　湛塘先生天君泰然，不慕榮進，芒鞋布襪，風貌清癯，望之若仙。余嘗於賓朋廣衆中，見其議論風生、齒牙吐慧，擬之爲芝蘭可也。乃先生以阿魏自名，何哉？雖然，無傷也。世之惡穢多矣，阿魏固不可少，芝蘭無所用之。余欲阿魏出，屏除一切臭惡，使無與芝蘭忤，阿魏之功，不益見其大耶？喻禮敬

　　粤中多山嵐瘴濕不正之氣，中之能病人。醫者每勸人購真阿魏佩之，可以辟時行不正之氣。余始疑之，及觀《本草》，見有臭能止臭之説，稍信醫者之言，然所以辟臭者終未釋然也。今讀是論，不惟足以破人之疑，且可補藥之闕。先生以阿魏自鳴，先生真阿魏也！世有慮乎不正之氣，請親炙於先生。俞鶴齡

　　物不論其爲何物，能攻毒者爲良物；人不問其爲何人，能救弊者爲正人。阿魏，臭物也，能攻毒而止臭。君子觀於阿魏之爲物，而有以知阿魏子之爲人。湛文瀾②

---

①　位清，應爲黃位清（1771—1850），字嬴波，廣東番禺人，道光元年（1821）舉人，官國子監學録。有《松風閣詩鈔》。

②　湛文瀾，廣東增城人，舉人，嘉慶時官开建教諭。

　　凡人素有所蓄，不得於時則發爲文章，或因物見意，或因事見端，雖多寓言，隱而顯矣。天生才，若有時忌才殆甚，貌易相而李廣嘆不封侯，理固有所不可知者。不然，如公之倜儻俯視一切，公之平易不惡而嚴，宜其大見知於世。然竟鬱鬱終老，即一小試且不可得。惜哉！年將七十，無聊極，偶作《阿魏論》以寄慨。迨至七十餘，居艱，交游屏絶，所著長篇短牘竟成帙，多有關於世道人心之大者，阿魏爲諸作開先也。始讀《阿魏論》而快，及覽全文，益快！余常欲置之座右，足以説目醒心。何廷璋

　　余素嗜《南華子》，讀之，得言外意。世稱能文輩以莊不投時，寔未善會悟，同好者固難其人。今讀《阿魏論》，喜其空靈峭潔酷肖莊，宜得莊秘。阿魏子言未嘗學莊，益奇之。竊幸論莊有人，相見恨晚。余又將歸里，竟失之交臂。惜哉！學莊者未必類莊，類莊者未嘗學莊，阿魏子殆遇以天而默契其神者乎？八十二老人霍時茂①

　　他文無跋，此論獨有跋。蓋余棄舉子業後數十年，不知有所謂文者。始作《阿魏論》遣興，衆友讀之稱快，使余書於卷軸，各欣然跋其後附剞劂，無忘賞識云。自記

----

　　①　霍時茂，字諫果，號云寄山人，廣東南海人。撰《莊子抄》。